इस्मत चुग़ताई

जन्म : 21 जुलाई, 1915, बदायूँ (उत्तर प्रदेश)।

इस्मत ने निम्न मध्यवर्गीय मुस्लिम तबक़े की दबी- कुचली-सकुचाई और कुम्हलाई लेकिन जवान होती लड़कियों की मनोदशा को उर्दू कहानियों व उपन्यासों में पूरी सच्चाई से बयान किया है।

इस्मत चुग़ताई पर उनकी मशहूर कहानी लिहाफ़ के लिए लाहौर हाईकोर्ट में मुक़दमा चला, लेकिन ख़ारिज हो गया। गेन्दा उनकी पहली कहानी थी जो 1949 में उर्दू साहित्य की सर्वोत्कृष्ट साहित्यिक पत्रिका 'साक़ी' में छपी। उनका पहला उपन्यास ज़िद्दी 1941 में प्रकाशित हुआ। मासूमा, सैदाई, जंगली कबूतर, टेढ़ी लकीर, दिल की दुनिया, अजीब आदमी, एक क़तरा ख़ून और बाँदी उनके अन्य उपन्यास हैं। कलियाँ, चोटें, एक रात, छुई-मुई, दो हाथ, दोज़ख़ी, शैतान आदि कहानी-संग्रह हैं। हिन्दी में कुँवारी व अन्य कई कहानी-संग्रह तथा अंग्रेजी में उनकी कहानियों के तीन संग्रह प्रकाशित हैं जिनमें काली काफ़ी मशहूर हुआ। कई फ़िल्में लिखीं और जुनून में एक रोल भी किया। 1943 में उनकी पहली फ़िल्म छेड़-छाड़ थी। कुल 13 फ़िल्मों से वे जुड़ी रहीं। उनकी आख़िरी फ़िल्म गर्म हवा (1973) को कई अवार्ड मिले।

'साहित्य अकादेमी पुरस्कार' के अलावा उन्हें 'इक़बाल सम्मान', 'मख़दूम अवार्ड' और 'नेहरू अवार्ड' भी मिले। अदबी दुनिया में 'इस्मत आपा' के नाम से विख्यात इस लेखिका का निधन 24 अक्टूबर, 1991 को हुआ। उनकी वसीयत के अनुसार मुम्बई के चन्दनबाड़ी में उन्हें अग्नि को समर्पित किया गया।

दिल की दुनिया

इस्मत चुग़ताई

सम्पादन
अब्दुल मुग़नी

लिप्यंतरण
शबनम रिज़वी

राजकमल पेपरबैक्स

पहला पुस्तकालय संस्करण
राजकमल प्रकाशन प्राइवेट लिमिटेड द्वारा
2009 में प्रकाशित

राजकमल पेपरबैक्स में
पहला संस्करण : 2009
पाँचवाँ संस्करण : 2024

© आशीष साहनी
© हिन्दी अनुवाद : राजकमल प्रकाशन प्रा. लि.

राजकमल पेपरबैक्स : उत्कृष्ट साहित्य के जनसुलभ संस्करण

राजकमल प्रकाशन प्रा.लि.
1-बी, नेताजी सुभाष मार्ग, दरियागंज
नई दिल्ली-110 002
द्वारा प्रकाशित

शाखाएँ : अशोक राजपथ, साइंस कॉलेज के सामने, पटना-800 006
पहली मंजिल, दरबारी बिल्डिंग, महात्मा गांधी मार्ग, प्रयागराज-211 001
1, अनमोल सोराबजी संतुक लेन, धोबी तलाव, मरीन लाइंस, मुम्बई-400 002

वेबसाइट : www.rajkamalprakashan.com
ई-मेल : info@rajkamalprakashan.com

बी.के. ऑफसेट
नवीन शाहदरा, दिल्ली-110 032
द्वारा मुद्रित

मूल्य : ₹ 199

DIL KI DUNIYA
Novel by Ismat Chughtai

ISBN : 978-81-267-1816-0

दिल की दुनिया

कैसा अजीब और पुरअसूरार[1] वक़्त होता है, जब एक दम आँख खुले और यह पता न चले कि झुटपुटा हो रहा है या पौ फट रही है! अपना सर किधर है और पैर किधर। कहाँ सोये थे कहाँ जागे। उस वक़्त सर-पैर की सिम्त[2] मालूम करना कितना ज़रूरी हो जाता है। अगर फ़ौरन न मालूम हुआ तो हमेशा-हमेशा के लिए खो जाएँगे।

बचपन में तो रोना आने लगता था। फिर किसी नामालूम सिम्त से एक वज़्नी धमोका पड़ता और हमें फ़ौरन अपने वुजूद का अता-पता मिल जाता। यकलख़्त हँसी के फ़व्वारे छूटने लगते और हम अपने वुजूद का मज़ीद[3] सुबूत[4] देने के लिए फ़ौरन मुर्ग़ियों को खदेड़ने लगते या आपस में कुत्ते के पिल्लों की तरह एक दूसरे से

---

1. रहस्यमय,
2. दिशा,
3. अतिरिक्त,
4. प्रमाण।

गुथ जाते। तब अम्माँ हमें दफ़आन होने[1] का हुक्म देतीं। हम हँसी-ख़ुशी दफ़आन हो जाते और बाग़ में अधखिली कलियाँ चुनकर झोलियाँ भरने लगते।

यहाँ तक कि अँधेरा हो जाता। अली बख़्श लालटेनों का गुच्छा सदर दरवाज़े के टाट के पीछे से अन्दर बढ़ा देते, बत्तियाँ उकसाकर लालटेनें घर के कोने-कोने में पहुँचा दी जातीं और अँधेरों में खोए हुए दरो-दीवार फिर लौट आते।

फिर चौकीदार सीढ़ी पर चढ़ कर सदर दरवाज़े की चौकोर बत्ती जला देता। पौधे एक दम झिझककर तारीकी में खिसक जाते और हमारे कुर्तों की झोलियों में फूल खिलने शुरू हो जाते। तब बेकार ही डर लगने लगता। एक ज़र्द-रू[2] गिरगिट गाल फुलाए कुच-कुच मुँह में ज़हर घोलता फिर सुर्ख़ अंगारा होकर छलाँगें भरता इमली के दरख़्त पर दौड़ जाता। और हमारे पैर मोमबत्तियों की तरह पिघलने लगते। उसी समय दूर तराई में वह पुर-असूरार[3] आवाज़ लहराती-सनसनाती फैल जाती :

"कन्हैया तोरी मुरली बैरन भई"

हम बगटुट भाग खड़े होते और सदर दरवाज़े का पर्दा उलीचते घर में ग़ोता मार जाते। फूलों से भरी झोलियाँ बड़ी बूढ़ियों की जायनमाज़ों पर उलट कर हम उनके आँचलों में पनाह-गुज़ीन[4] हो जाते।

---

1. दफ़आन होना : दूर होना,
2. पीले मुँह वाला,
3. रहस्यमय,
4. शरणार्थी।

"दादी अम्माँ, जल्दी से आयतल-कुर्सी छू करो।"[1]

जब दादी अम्माँ की अहमद हुसैन दिलदार हुसैन के क़िवाम में बसी हुई छू हमारे चेहरों पर पड़ती, तब कहीं जा के जान में जान आती।

"कन्हैया तोरी ई ई–मुरली–बैरन भई–" आवाज़ दूर और दूर होती जाती, फिर गुम हो जाती! सिर्फ़ हवा की साएँ-साएँ रह जाती।

हमारे अब्बा नए-नए बदली होकर बहराइच आए थे। हमारी दो मंज़िला वसीअ[2] कोठी के सामने ही सैयद सालार मसूऊद ग़ाज़ी की दरगाह थी। पहलू में पाईं बाग़ था जहाँ हमारी जागती हुई ज़िन्दगी का बेशतर हिस्सा गुज़रता था। कोठरियों की क़तार के बाद एक बहुत बड़ी सी बावली थी जिस पर पुर चला करता था। पिछवाड़े भुट्टों के खेत थे। दूसरी तरफ़ एक सफ़ेद मस्जिद थी और दूर तक हारसिंघार, बेला, चमेली और मोगरे के पेड़ चले गए थे। मस्जिद से ज़रा हट के क़ब्रिस्तान था और नहर के किनारे ख़रबूज़ों के खेतों के बाद मरघट था। हमें इन दोनों मुक़ामात से बेहद डर लगता था। यह पुर-असरार आवाज़ उसी तरफ़ से आती थी, और उस तरफ़ से आने वाली हर शै[3] ख़तरनाक लगती थी।

जब शरारत करते, उधम मचाते तो उसी आवाज़ से डराया जाता : "डायन है, कच्चा चबा जाएगी। बदरूह[4] है, अकेले-दुकेले

---

1. फूँक मारो,
2. विशाल,
3. वस्तु,
4. बुरी आत्मा।

पकड़ लिया तो टोना कर देगी। सुना है घाघरा नदी में कोई बारात डूब गई थी। दुल्हन भूतनी बन कर तराई में भटक रही है।''

इस आवाज़ में एक और ख़ासियत थी कि जब भी यह आवाज़ सुनाई देती तो क़ुदसिया ख़ाला पर दिल को दौरा पड़ जाता! दाँती भींचकर मुँह से फेन निकलने लगता और घर मातम-कदा[1] बन जाता।

''या क़वी-ओ-क़ादिर[2]—क़ुदसिया के दूल्हा को करो हाज़िर।'' नानी बीवी झूम-झूम कर गिड़गिड़ातीं। मगर क़वी-ओ-क़ादिर तो ऐसे कानों में तेल डाले बैठे थे कि किसी की सुनते ही न थे, क़ुदसिया ख़ाला के दूल्हा को हाज़िर करने के बारे में कुछ ग़ौर फ़रमा रहे थे। उनकी शादी को दस बरस होने को आए थे। शादी के बाद दूल्हा को फ़ौरन ही नाना जान ने विलायत भेज दिया था कि यही शर्ते-शादी थी।

वहाँ से वह उस ज़माने के दस्तूर के मुताबिक़ एक अदद मेम लटका लाए और मेनपुरी में प्रेक्टिस करते थे। इसीलिए क़ुदसिया ख़ाला वज़ीफ़े[3] पढ़तीं, चिल्ले[4] खेंचतीं और जब वह नाकाम साबित होते तो दाँती भींच के दौरे डाल लेतीं। और ग़रीब क्या कर सकती थीं। उन्होंने 'सरताजे-मन सलामत'[5] के नाम दर्जनों ख़त भेजे :

---

1. शोक-गृह,
2. दोनों अल्लाह के नाम हैं,
3. क़ुर्आन के वाक्यादि का जप,
4. चिल्ला खींचना : चालीस दिन किसी कोने में बैठकर जप करना,
5. मेरे पति, अल्लाह तुम्हारी रक्षा करे।

"मुझे मेम साहब की आया समझकर ही एक कोने में डाल लीजिए। आप दोनों की ख़िदमत करूँगी। झूठन खाऊँगी, उतरन पहनूँगी और मुँह से उफ़ कर जाऊँ तो जो चोर की सज़ा सो मेरी। आप मालिक हैं, मैं आपकी लौंडी। मेरे लिए इससे बढ़ के क्या ख़ुशनसीबी होगी कि आपके क़दमों में दम निकले। वग़ैरह-वग़ैरह। मगर सरताज ने जवाब देना भी हमाक़त[1] समझा।

आम तौर पर क़ुदसिया ख़ाला का लोगों से यही कह कर तआरुफ़[2] कराया जाता था कि भई, यह हैं क़ुदसिया, जिनके मियाँ ने मेम डाल ली है। लोग ख़ासे मरऊब[3] हो जाते थे। उस वक़्त क़ुदसिया ख़ाला भी अपनी नामुरादी[4] भूल कर फ़ख़्र[5] करने लगती थीं। उनकी सौत हाकिमों[6] की बेटी थी। क्या अजब बादशाह सलामत से दूर-दराज़ का नाता भी हो। हर कोई मेम थोड़ी डाल सकता है। एक तरह से मियाँ ने मेम सौतन ला कर उनकी इज़्ज़त-अफ़ज़ाई[7] की थी, कोई धोबन, चनारन भी डाल सकते थे।

क़ुदसिया ख़ाला की पन्द्रह बरस की उम्र में शादी हुई, छठे महीने मियाँ विलायत को सिधार गए। दो साल तक तो दीवानगी से इश्क़ चलता रहा। हर वक़्त सर औंधाए रहतीं या मियाँ को

---

1. मूर्खता,
2. परिचय,
3. प्रभावित,
4. दुर्भाग्य,
5. गर्व,
6. शासकों,
7. सम्मान बढ़ाना।

ख़त लिखा करतीं या आया हुआ ख़त पढ़ा करतीं। फिर ख़त फीके पड़ने शुरू हुए, फिर ठंडे पड़ गए। ये ख़त लिख-लिख के दीवानी हो गईं, वहाँ से जवाब नदारद[1]! फिर बुरी-बुरी सुनावनियाँ आने लगीं। पहली जंगे-अज़ीम[2] के बाद मेमों का भाव गिर गया था इसलिए जो विलायत जाता, बहती गंगा से मछली मार लाता। मगर क़ुदसिया ख़ाला के मियाँ निराले थे। और भी लोग मेमें ला रहे थे, छठे-छमाहे हिन्दुस्तानी बीवी को सूरत तो दिखा जाते थे। उन्होंने तो ऐसी चुप साधी कि उलट के ख़बर ही न ली!

जब ही तो उर्स पर क़व्वाली होती तो क़ुदसिया ख़ाला को दौरा पड़ जाता। आसपास कहीं शादी होती तो उनकी दाँती भिंच जाती। कोई दूर कहीं रात के सन्नाटे में बिरहा गाता, उन के मुँह में फेन आ जाते। ख़ास तौर पर पुर-असूरार आवाज़ जब भी उन्हें सुनाई देती, बेकल होकर टहलने लगतीं, उंगलियाँ चटख़ातीं, आँचल मरोड़तीं और दौरा डाल लेतीं।

हम कलियाँ चुन रहे थे, झोलियाँ छलक रही थीं, मगर हमें सदर दरवाज़े की चौकोर क़न्दील के रौशन होने का इन्तिज़ार था कि एकाएक वह आवाज़ बिल्कुल हमारी पुश्त पर लहराई। रोंगटे खड़े हो गए। हमने चौंककर देखा। वह मस्जिद के पिछवाड़े पुराने क़ब्रिस्तान में टूटी-फूटी क़ब्रों के बीच आँधी में गिरे हुए एक बरगद के दरख़्त के तने पर कुछ रूठी-सी बैठी थी। वह गाते गाते रुक गई। हमारे पैर भूसा भरी बोरियों की तरह धँसने लगे।

---

1. लुप्त,

2. विश्वयुद्ध।

"छोड़ो हमरा आँचल।" वह अपनी पुश्त की तरफ़ मुड़कर किसी को डाँट रही थी।

हम गिरते-पड़ते बिसूरते भागे।

उसका आँचल कोई नहीं पकड़े था। वहाँ कोई नहीं था।

वह एकदम तिनक कर खड़ी हो गई और आँचल झटक कर हँसती हुई तेज़-तेज़ भागी, जैसे कोई शरीर उसे पकड़ने दौड़ रहा हो। तेज़-तेज़ चलती वह पेड़ों में गुम हो गई।

तब हमारी घिग्घी बँधी और पैरों का भूसा बिखरने लगा।

"मेरठ में मिलेंगे दोनों जने" दूर उसकी आवाज़ ने लहरा दिया और हम ग़ड़ाप से पर्दा पार।

"तुम सैयाँ काले, हम गोरे
आईने में दिखेंगे दोनों जने"

उसकी आवाज़ फिरकी की तरह थिरकने लगी और हमारी पीठ पर मोती पिरोने की सूइयाँ-सी चलने लगीं

"तुम सैयाँ मोटे हम दुबले
काँटे में तुलेंगे, दोनों जने"

कैसे इत्तिफ़ाक़ की बात थी। क़ुदसिया ख़ाला के दूल्हा काले भी थे, और मोटे भी, मगर मेरठ में मिलने के कोई आसार न थे। फिर वह दौरा न डालतीं तो क्या करतीं।

नानी बीवी को तो फ़ुर्सत न थी। दादी अम्माँ अभी तस्बीह[1] पर बुदबुदा रही थीं। उनकी बहन दादी बी ने "छू" की तब भी ख़ौफ़ दूर न हुआ। उफ़ कितनी दादियाँ, ननियाँ, ख़ालाएँ, फुफियाँ भरी पड़ी थीं मगर कौड़ी काम की नहीं, "छू" तक में दम नहीं।

1. माला।

"ऊ के मुँह न लगा करो बिटिया..." मुजाविर ने जब हम जुमेरात को दरगाह पर फूल चढ़ाने जाते थे, तो कहा था, "बड़ी ख़तरनाक औरत है।"

"क्यों?"

"बड़ी मनहूस है। माई बाप ख़सम सब का खाए गई।"

"खा गई।" हम समझे सच-मुच नमक-मिर्च छिड़ककर खा गई।

"अकेले मा पाएगी, तो तुम्हरा जीव निकाल के खाए जइहे!" कमबख़्त ने और डराया।

"क्या डायन है।"

"और का?"

"लाहौल-वला-क़ुव्वत[1]—क्या बकवास है। नहीं बच्चो, बेचारी पागल है।" शाह साहब ने मुजाविर को डाँटा।

"पागल?" शाह साहब की बात हमें पसन्द नहीं आई। सारा रोमान ख़त्म हो गया। सिर्फ़ पागल है और वह भी मज़ेदार पागल नहीं। न उसमें से बदबू आती है, न कपड़े फाड़ती है, न ईंटें मारती है। बस जब देखो गा रही है :

"सैयाँ तोरी गोदी फूल गेंदा बन जाऊँगी
बलमा तोरी गोदी..."

आवाज़ बड़ी मीठी थी, जभी तो क़ुदसिया ख़ाला तड़पा करती थीं।

"अच्छी बी अम्माँ, निगोड़ी को बुलाइए ना, ज़री गाना सुनेंगे।"

"ना बेटी, मुई पागल को क्या बुलाओगी। अच्छे भले घर की लड़की, पर्दा-वर्दा को आग लगा हिंडो-हिंडो फिरे है। सुना है उस पर

---

1. शैतान को भगाने का मंत्र।

साया है। सारी बारात घाघरा नदी में डूब गई। यह तैरती रही तीन दिन तक—जानो किसी ने तले हथेली लगा दी हो।''

''पर दुखिया गाती अच्छा है।'' क़ुदसिया ख़ाला को गाना सुनने का जुनून था। जब शब्बीर मामूँ ना'तें[1] पढ़ते तो उनकी आँखों से नदी-नाले बह निकलते।

''तुम पे क़ुर्बान मेरी जान, रसूले अरबी'' वह गाते, और क़ुदसिया ख़ाला आँचल में नाक दबाए सिसकियाँ भर-भर के झूमतीं। सब तने बैठे रहते और उस दौरे के पड़ने का इन्तिज़ार करते जो शब्बीर मामूँ के आने और ना'तें पढ़ने पर ज़रूर पड़ जाता। ख़ाला के हाथ टेढ़े हो जाते, आँखें निठौर लेतीं, और मुँह से झाग उबलने लगते। नानी दादी दौड़कर उन पर आयतें पढ़कर दम करतीं।

शब्बीर मामूँ दूर चौकी पर बैठे अपने हाथों की लरज़िश[2] छुपाया करते और जब तक उन्हें चैन न आ जाता, बेक़रार सदर दरवाज़े के पास टहले जाते।

शब्बीर मामूँ क़ुदसिया ख़ाला के रिश्ते में देवर होते थे। ग़रीब वालिदैन[3] के निहायत मिस्कीन,[4] फुसफुसे और मरघिल्ले-से इकलौते बेटे थे। और बहन भाई पैदा न होकर ज़्यादा मज़े में रहे वर्ना हमारे उन्हीं जैसे फुसफुसे और मरघिल्ले बहुत से मामूँ होते। बड़े ही दुबले-पतले और क़ुदसिया ख़ाला से कोई गज़ भर ऊँचे थे। बिल्कुल ऊँट की तरह कुभ निकालकर लम्बे-लम्बे डग भरते चलते थे!

---

1. हज़रत मुहम्मद साहिब की छंदोबद्ध स्तुति,
2. कंपन,
3. माता-पिता,
4. दीन, विनम्र।

"शब्बीर भाई, कुछ सुनाइए।" क़ुदसिया ख़ाला उनके आने पर ग़मनाक[1] आवाज़ में फ़रमाइश करतीं। "सुनाइए ना, ज़री जी ठहरेगा।"

"क्या सुनाऊँ, आज गला ख़राब है।" वह हमेशा एक ही उज़्र[2] पेश करते। फिर ज़रा गला साफ़ करते, आँखें मिचमिचाते, नथुने फुलाते, दोनों हाथ जोड़ कर घुटनों के दरमियान लटका लेते और–

"सुन ऐ बादे-सबा[3] तू जानिबे-तैबा[4] अगर गुज़रे बादे
तो जाकर थामना–बाबे-हरीमे-पाक[5] के पर्दे"

बड़ी साफ़ निथरी हुई नर्म आवाज़ में वह गाते। उस वक़्त उन पर बहुत तरस आता। बादे-सबा कमबख़्त भी कानों में तेल डाले बैठे थी, न उनकी सुनती थी, न जानिबे-तैबा जाती थी।

सबको मालूम था कि शब्बीर मामूँ को क़ुदसिया ख़ाला से उंस[6] था, मगर क्या मरघिल्ला ऊँधता हुआ इश्क़ था। घर की और सयानी लड़कियों लड़कों का भी इश्क़ था, क्या दनदनाता, ज़क़ंदे[7] मारता! जब देखो धींगा-मुश्ती हो रही है, कोनों-खुदरों में दबोचा जा रहा है। अकेला पाया और भंभोड़ डाला। ताश के बहाने छीन-झपट, पच्चीसी की कौड़ियाँ छीनी जा रही हैं। घर के बड़े-बूढ़े डाँट रहे हैं, जनम में थूक रहे हैं। मगर चिकने घड़े खी-खी हँसे जा रहे हैं।

---

1. दुख भरी,
2. विवशता,
3. सुबह का पुर्वा हवा,
4. मदीना मुनव्वरा का एक नाम,
5. पवित्र स्थान का द्वार,
6. स्नेह,
7. छलाँगें।

मगर शब्बीर मामूँ तो पास लग के भी न बैठे, कभी छोटी उँगली भी न छुआई। वो शजरे-ममनूआ[1] थीं किसी और की अमानत! जो उन्हें रख के भूल चुका था। पच्चीसवाँ ख़त्म होकर छब्बीसवाँ साल लगा था कि मांग में पक्के बाल चमकने लगे। सब ही चाहते थे, जल्दी से बूढ़ी हो जाएँ कि क़िस्सा ख़त्म हो।

"ना भाई हम ऊ पगलिया का नाहीं बुलाए जावेंगें।" दाना दलने वाली सड़ांधी पठानी बुआ से क़ुदसिया ख़ाला ने ख़ुशामद की तो टका-सा जवाब दिया, "खसम खानी ढेला मारत है।"

"भई कमाल है उसे मर्दुए छेड़ते नहीं। कोई और सरी की होती तो तिक्का-बोटी हो जाती। नामुराद[2] बनी-ठनी सोलह सिंघार किए रात-बिरात जंगलों में घूमती है। डर नहीं लगता?" चच्ची बी ने पूछा।

"अरे ऊका काहे का डर? है मजाल कौऊ की, ऊ की तरफ़ टेढ़ी आँख से देखे।" पठानी बोलीं।

"क्यों, क्या शेरनी है। फाड़ खाएगी? अकेली-दुकेली घूमती है।"

"अकेली नाहीं घूमत है ऊके मियाँ जो संग होत हैं।"

"मियाँ कौन?"

"बाले मियाँ—"

"लो और सुनो! ऐ चल हट दीवानी।"

"चल हट का? कसम से मियाँ की प्यारी है। अपने गाजी मियाँ की बन्दनी है।"

---

1. गेहूँ का पेड़ जिसे अल्लाह ने आदम के लिए निषिद्ध कर दिया था,
2. अभागी।

पठानी बुआ ने तफ़सील से बताया कि वह ग़ाज़ी मियाँ की महबूबा है। हालांकि ग़ाज़ी मियाँ को जामे-शहादत पिए[1] चार सौ साल से ऊपर हो चुके हैं। इश्क़ सदियों के हेर-फेर का क़ायल नहीं।

ग़ाज़ी मियाँ के मज़ार पर हर साल उर्स होता, दूर-दूर से क़व्वाल और गवैये आते। हर फ़िर्क़े[2] और हर मज़हब के लोग, बूढ़े, जवान, बच्चे, औरत, मर्द, ज़ियारत[3] के लिए हाज़िर होते। मन्नतें मानी जातीं, मुरादें पूरी होतीं। हर जुमेरात को शहर की, और आस-पास के क़स्बों की तवाइफ़ें नज़्राना[4] लेकर आतीं। मियाँ की शान में ग़ज़लें, ठुमरियाँ, दादरे गातीं। जब किसी नोची की नथनी उतारी जाती तो पहले वह मियाँ के मज़ार पर हाज़िर हो कर मुजरा[5] गुज़ारती। मई-जून की शोलाबार[6] गर्मियों में मेला लगता। अक़ीदतमन्द[7] महीनों पहले से आ कर पड़ाव डाल देते। ऐन मेले के दिनों में इतनी ख़िलक़त[8] जमा होती कि आस पास कई मील तक तिल धरने की जगह न रहती। दरगाह के बुलन्द दरवाज़े के आगे दल-बादल ताना जाता। ज़ाइरीन[9] आते, फूलों का दौना, मिठाई और पैसे शामियाने पर उछाल देते। मुख़्तलिफ़ गाँव

1. शहीद हुए, स्वर्गवासी हुए,
2. सम्प्रदाय,
3. किसी बुज़ुर्ग के मज़ार के दर्शनार्थ यात्रा,
4. भेंट,
5. रंडी का वह गाना जो बैठकर हो,
6. आग बरसानेवाली,
7. श्रद्धालु,
8. जनसाधारण,
9. दर्शक।

और क़स्बों से झंडे आते। साठ-साठ फ़ुट के बाँसों के सिरे पर सियाह या सफ़ेद बालों का गुच्छा आवेज़ाँ[1] होता, उसके नीचे पचास का फरैरा लहराता होता। जिसकी मन्नत पूरी होती, वह मज़ार पर झंडा चढ़ाता। ढोल ताशे बजाते, कूदते, उछलते दरगाह के पास पहुँचकर एक हल्क़ा[2] बना लेते, बीच में एक मज़बूत-सा आदमी झंडा लिये होता। सहारे के लिए उसके सिरे पर रस्सियाँ बाँधकर चार आदमी ताने रहते कि झंडा सरनिगूँ[3] न हो जाए। फिर वह पहलवान उस झंडे को ऊँचा उठा कर रक़्स[4] करता। अजीब-अजीब करतब दिखाता। कभी झंडा माथे पर साधकर थिरकता, कभी दाँतों पर रखके झूमता। जब सब पसीना-पसीना हो जाते या शायद वक़्त ख़त्म हो जाता, क्योंकि दूसरे झंडों के जुलूस मुंतज़िर[5] खड़े होते कि एक झंडे का नाच ख़त्म हो तो दूसरे को मौक़ा मिले। फिर थके-हारे, झंडे को जहाज़ के मस्तूल[6] की तरह फरैरे में लपेटकर कन्धों पर रखके बुलन्द दरवाज़े के अन्दर ले जाया जाता और दूसरे झंडे का नाच शुरू हो जाता। मेले के ख़ातिमे पर झंडे नीलाम कर दिए जाते थे। हमारी अम्माँ हर साल ये झंडे ख़रीदकर उन्हें चौकियों पर जाज़िमों[7] की तरह इस्तेमाल किया करती थीं। ये जाज़िमें सोज़नकारी[8] का लाजवाब नमूना

---

1. लटका हुआ,
2. घेरा,
3. नीचा,
4. नृत्य,
5. प्रतीक्षक,
6. जहाज़ का खंभा,
7. छपा हुआ दोसूती मोटा बिछावन,
8. सूई से बनाया हुआ बारीक काम।

हुआ करती थीं। खद्दर पर मुख़्तलिफ़ रंगों के कपड़ों की कतरनों से हाथी-घोड़े बने होते थे। कहीं फ़ौजें नैज़े[1] उठाए जा रही हैं, कहीं ऊँटसवारों की क़तारें, कहीं भेड़-बकरियों और गायों के रेवड़, कहीं राज़ो-नियाज़[2] में मसरूफ़ औरत-मर्द। हम घंटों चौकियों पर लोट-लोट कर नज़्ज़ारे[3] करते मगर जी न भरता।

झंडों के अलावा जिसकी भी मन्नत पूरी हो जाती, वह ख़ुश-नसीब सोने-चाँदी के पुतले, मेज़-कुर्सी, मसहरियाँ और बतर्न हस्बे-वादा[4] चढ़ाता।

फिर ग़ाज़ी मियाँ की शादी की रस्में शुरू हो जाती। बुलन्द दरवाज़े पर नौबत रखी जाती। बड़ी ही उकता देने वाली ताल में सुबह तड़के से बजना शुरू हो जाती और रात गए तक बजा करती। गिरोह के गिरोह[5] आ कर नौबत बजाने वालों को घेर लेते, फिर दो चार मनचले कानों पर हाथ रखके बिरहा गाने लगते। एक गिरोह शल होता तो दूसरा उसकी जगह आ जाता। आसेब-ज़दा[6] औरतें मियाँ की चौखट पर भूत उतरवाने आतीं। बाल खोलकर सर धुनतीं। जब मंत्र पढ़नेवाले धूनी देते तो चीख़ें मारकर बेहोश हो जातीं, फिर होश में आकर झूमने लगतीं। ज़बरदस्त क़िस्म का भूत होता तो कई-कई दिन हो जाते, डटा रहता। लाल-हरे डंडों से भूत की ख़बर ली जाती, तब बड़ी मुश्किल से जान छोड़ता। फिर

---

1. भाले,
2. प्रेम की गुप्त बातें,
3. दर्शन,
4. वचनानुसार,
5. दल के दल,
6. प्रेतबाधा ग्रस्त।

सेहत पाने वाली दरगाह पर चढ़ावा चढ़ाती और ख़ुशी-ख़ुशी रुख़सत[1] हो जाती।

पाँच तारीख़ को पंखा उठता, फिर सात को सन्दल और नौ को मेहँदी। उसी शब को ग़ाज़ी मियाँ का कुर्ता जिस पर मुकम्मल कलामे-मजीद[2] लिखा हुआ था, ज़ियारत[3] के लिए खोला जाता, ख़िल्क़त[4] टूट पड़ती।

ग्यारह तारीख़ को बारात चढ़ती।

---

1. विदा,
2. सम्पूर्ण क़ुरआन,
3. दर्शन,
4. जनता।

राधा बाई उर्फ़ ज़ुहरा बीबी, रुदौली की बाल विधवा, मियाँ को दिल दे बैठी। ग़ाज़ी मियाँ ने उसे ख़्वाब में बशारत[1] दी और उसे स्वीकार कर लिया। वह मज़ार पर धूनी रमा कर बैठ गई। रोज़ अपने आँसुओं से मज़ार को स्नान कराती और बालों से फ़र्श झाड़ती। उसका बाप तेली था। वह उसे ज़बर्दस्ती घसीट लाया, मगर राधा अपनी ज़िद्द पर अड़ गई।

राधा नाम की सभी लड़कियाँ बड़ी ज़िद्दी होती हैं। ब-बांगे-दुहुल[2] वह अपने इश्क़ का एलान करती हैं। सारी ज़िल्लतें और बदनामियाँ हँस के झेलती हैं। तन-मन-धन की बाज़ी लगा देती हैं और पासा उनके ही हक़ में पड़ता है। मुख़ालिफ़[3] हवाएँ उनके जज़्बा-ए-इश्क़[4] के आगे सर झुका देती हैं। फिर लोग उनके इस जज़्बे की पूजा

---

1. अभौतिक वाणी, शुभ संवाद,
2. ज़ोर-ज़ोर से सबके सामने (कहना),
3. विरोधी,
4. प्रेमाकर्षक, प्रेम भाव।

करते हैं, उनकी शान में गीत गाते हैं और उन्हें देवी का स्थान बख़्शते हैं।

ग़ाज़ी मियाँ की राधा को भी अंगारों पर चलना पड़ा और काँटों में घिसटना पड़ा। उसकी माँ ने उसे चार-चोट की मार दी। बाप ने भीगी रस्सी में उसकी खाल उधेड़ दी और भैंस के खूँटे से बाँध दिया। और सारे गाँव ने उसके मुँह पर थूका।

आधी रात को जब भूखी-प्यासी राधा ज़ख़्मों से चूर गोबर में लथपथ पड़ी दम तोड़ रही थी तो ग़ाज़ी मियाँ ने अपने आँसुओं से उसके ज़ख़्म धोए, उसे अपनी मुक़द्दस[1] छाती से लगा लिया और अपने ख़ूने-जिगर में शहादत की उँगली[2] डुबोकर उसकी माँग भर दी।

जब मतवाली मीरा ने अपने गिरधर गोपाल से प्यार किया तो दुनिया ने उसकी ज़िन्दगी में नाग छोड़ दिए।

और ज़हर का प्याला दिया।

फिर कृष्ण मुरारी की मुरली जाग उठी।

और नाग फूलों की माला बन गया।

ज़हर का प्याला अमृत से छलक पड़ा।

सुबह सवेरे रुदौली वालों की आँख खुली तो मन्दिरों में घंटे बज रहे थे और मस्जिद के बुर्ज से अज़ान गूंज रही थी। राधा चन्दन में बसी शहाना जोड़ा पहने फूलों की सेज पर अबदी[3] नींद सो रही थी। जिस्म पर एक ख़राश[4] का निशान भी न था। कुन्दन की तरह शरीर जगमगा रहा था। माँग में सिन्दूर मुस्करा रहा था।

---

1. पवित्र,
2. तर्जनी,
3. नित्य की,
4. खरोंच।

रुदौली वालों की जान निकल गई। पंचायत बैठी और फ़ैसला हुआ कि बेटी पराए घर की हो चुकी। अब मैके में उसका क्या काम। लिहाज़ा दुल्हन को ससुराल पहुँचा दिया गया।

हिन्दू उसे राधा कहते हैं और मुस्लमान ज़ुहरा बीबी। मज़ार के क़दमों में उसकी सादा सी क़ब्र थी, पायँती इमली का एक जुग़ादरी[1] पेड़ हुआ करता था जिसकी छाल जलाने से सन्दल की ख़ुशबू आती थी।

हर साल रुदौली वाले ग़ाज़ी मियाँ की बारात लेकर आते हैं। सरे-शाम ही से बच्चों को सुला दिया जाता था कि रात को तीन बजे बारात पहुँचे तो जगा दिया जाए। ज्यों ही जानी-पहचानी शहनाइयों की आवाज़ सुनाई देती, सबको जगा दिया जाता। मुँह पर जल्दी-जल्दी पानी के छपके मार के सोई-सोई आँखों से बारात देखने कोठे पर चढ़ जाते।

कितने साल हो गए मगर आँखों में अब तक वह बारात सजी हुई है। आगे-आगे सफ़ेद घोड़ा, सोने-चांदी के ज़ेवरात में ग़र्क़, फूलों से ढका हुआ, सेहरे की लड़ियाँ घोड़े के सुमों को चूमतीं।

"वह देखो, वह बाले मियाँ।" हमें वाक़ई वह घोड़े पर बैठे नज़र आने लगते।

उसके पीछे सुर्ख़ शबनम के पर्दे पड़ी पालकी, जिस के वस्त[2] में कलामे-मजीद[3] रखा होता और एक शमा रौशन होती।

"दुल्हन-दुल्हन।" हम मस्हूर[4] हो जाते। शमा की थरथराती हुई लौ सुर्ख़ शबनमी पर्दों के पीछे से बिल्कुल शरमाई-लजाई

---

1. बहुत पुराना,
2. बीच में,
3. क़ुर्आन शरीफ़,
4. मंत्रमुग्ध।

दुल्हन की तरह लगती थी। दुल्हन के बाद बराती हाथों में रुपहली सुनहरी मोतियों की झालरें लगी, छोटी-छोटी छतरियाँ, जिन पर सलमा-सितारे का काम किया होता था, फिरकियों को तरह घुमाते झूमते-नाचते जौक़-दर-जौक़[1] उमड़ते चले आते। आँखें ख़ीरा[2] हो जातीं। कई-कई दिन तक पुतलियों में छतरियाँ नाचती रहतीं।

1. दल के दल,
2. चौंधियाई हुई।

कभी कोई बहुत ही ख़ूबसूरत चीज़ देखो तो जी भर आता है। क़ुदसिया ख़ाला का जी तो हर दम भरा ही रहता था। बस छलकने के लिए बहाने की ज़रूरत होती। खिड़की की चौखट पर सर रखे वह लम्बे-लम्बे आँसू बहाए जातीं।

बारात देखकर उनका कलेजा कटने लगता था। सब ही उदास हो जाते थे। यह बारात थी या जनाज़ा! एक नन्ही-सी कमज़ोर लड़की पर ज़िन्दगी के दरवाज़े बन्द हो जाते हैं। वह अपने ख़्वाबों की दुनिया बनाकर एक छोटी-सी झिरी खोलना चाहती मगर नासमझ इनसान इजाज़त नहीं देते क्योंकि वह उनके यक़ीन में रख़ना[1] डालना चाहती है। फिर क्या होता है कि उनका सारा यक़ीन चकनाचूर करके मुँह मोड़ लेती है।

मगर शब्बीर मामूँ न तो कन्हैया जी थे, न ग़ाज़ी मियाँ। वह तो निहायत अधूरे और खोखले इनसान थे। वह क़ुदसिया ख़ाला

1. रुकावट।

की ज़िन्दगी में फुँकारते नागों को अपनी बाँसुरी से फूलों की माला नहीं बना सकते, न उनकी रूह पर लिथड़े हुए गोबर को अपने यक़ीन के बल-बूते पर चन्दन बना सकते थे। उन की दौलत तो दो लरज़ते हुए हाथ थे जिनसे वह मचलती हुई आरज़ुओं का गला घोंटना ख़ूब जानते थे! क़ुदसिया ख़ाला छब्बीस बरस की उम्र में भूली हुई बात बनी सिसक रही थीं। उनमें इतनी हिम्मत भी तो न थी कि बुआ की तरह पागल ही हो जातीं और उनसे भी लोग डरने लगते। उनके "ग़ाज़ी मियाँ" पर तो सब तरस खाते थे और मज़ाक़ उड़ाते थे। बहुत से मुर्दे ज़िन्दा लोगों से ज़्यादा जीदार होते हैं।

बुआ क़ुदसिया ख़ाला से कुछ ही बड़ी होंगी। औरत के दिल में कमसिनी ही से हज़ारों ख़ौफ़ भर दिए जाते हैं। जवानी को वह एक कच्ची ठिलया समझने लगती है जिसे क़दम-क़दम पर कंकरियों से वास्ता पड़ता है। बुआ की दीवानगी ने दिल से और बहुत से ख़दशों[1] के साथ इज़्ज़त-आबरू लुटने का ख़ौफ़ भी .ख़ुर्द-बुर्द[2] कर दिया था। कच्ची ठिलया के बजाए ठोस गोला लुढ़काती थीं। मर्दाना-वार[3] अँधेरे-उजाले जहाँ जी चाहता, चली जातीं। कुछ ऐसी दहशत[4] बिठा दी कि लोग मान गए। न जाने किस तरह दो चार मोजिज़े[5] हो गए जो यक़ीन बन गए। एक दफ़ा किसी बदमाश ने उन्हें अकेला पा कर दबोचना चाहा। ग़ाज़ी मियाँ ने इस ज़ोर का लप्पड़ रसीद किया कि उसका थोबड़ा वहीं का वहीं टेढ़ा हो गया।

1. शंकाओं,
2. छिन-भिन्न, नष्ट,
3. मर्दों की तरह, साहसपूर्वक,
4. भय,
5. चमत्कार।

एक और कमनसीब[1] उलझा था। सुनते हैं, जिस हाथ से उसने उनकी कलाई पकड़ी थी, वह सड़-गलकर गिर गया।

चचा मियाँ तो मुरतिद[2] थे ही, कहा करते थे, ''दरगाह में हर साल हज़ारों कोढ़ी शिफ़ा[3] की आस लगाकर आते हैं। हाथ-पैर सड़-गलकर गिर जाना मोजिज़ा नहीं, बीमारी है और शराबी को लक़वा[4] मार जाना भी कोई ऐसी ग़ैरमामूली[5] बात नहीं।'' मगर हमें तो बुआ पर शक करते डर लगता था कि कहीं थोबड़ा वहीं का वहीं टेढ़ा हो गया तो क्या कर लेंगे। बड़ी जिन्नाती तबीअत पाई थी। पर जब से मालूम हुआ था कि ज़रा सी पागल हैं भुतनी-वुतनी नहीं, तो हमें उनसे डर भी नहीं लगता था। एक दिन बरगद के पेड़ के नीचे खड़ी स्लीपर उतारकर मिट्टी झाड़ रही थीं। हमने क़ुदसिया ख़ाला का पैग़ाम उन्हें पहुँचा दिया।

“न आएँगे।” बड़ी रुखाई से बोलीं, ''जब हमारा जी करि है आए जावेंगे।'' और पुलिया से गुज़र कर जो पगडंडी जाती थी उधर हो लीं।

फिर ख़ुदा-ख़ुदा करके एक दिन उनका जी करा और वह खट से आ गईं। निहायत बेतकल्लुफ़ी से बग़ैर किसी से बोले-चाले, पानी पीने के मटकों के पास गईं। एक कटोरा पानी पिया। थोड़ा-सा आँचल में बँधी बेले की कलियों पर छिड़का फिर आँचल सर पर धर लिया और बिल्कुल बाहर वालियों की तरह कमर पर

1. अभागा,
2. इस्लाम से फिरा हुआ,
3. रोगमुक्ति,
4. वह रोग जिसमें मुँह एक ओर को फिर जाता है,
5. असाधारण।

हाथ रख कर मुस्कराने लगीं। अम्माँ हमेशा कहती थीं कि शरीफ़-ज़ादियाँ कूल्हे पर हाथ रख के नहीं खड़ी होतीं, ऐसे बाहरवालियाँ खड़ी होती हैं। एक ऐसी भी उम्र होती है जब हाथ वबाले-जान[1] होते हैं और समझ में नहीं आता उन्हें कहाँ रखा जाए तो इस ख़ौफ़ से कि बाहरवाली कहीं न बन जाएँ, सर पर हाथों की पालती मार कर रख लेते।

"ऐ है निगोड़ी, सर क्यों पीट रही हो?" तब अम्माँ बुरा मानतीं।

"फिर कहाँ रखें?" हम आजिज़[2] आ जाते।

"चूल्हे में।" वह और जल जातीं, "ग़ारत हो यहाँ से।" और हम वहाँ से ग़ारत हो जाते।

बुआ एकदम आप ही आप हँसीं, फिर चौकी पर बैठकर तंग पाजामे की चूड़ियाँ सँवारने लगीं। उनके कपड़े बहुत उजले लग रहे थे। गुलाबी दुपट्टा कलफ़ दे कर मरोड़ा हुआ कंधों पर पड़ा था। बेले की कलियों का गुच्छा आँचल में बंधा कनपटी पर झूल रहा था।

उन्हें घूरते देख कर क़ुदसिया ख़ाला ने खट से आँखें झुका लीं और बेकार ही तन ढकने लगीं।

"धन्ना रोए रोए अँखियाँ लाल गाल" वह क़ुदसिया ख़ाला को जैसे चिढ़ाकर गा रही थीं।

"पान पचासी के बीड़ा लगाए
हमरे निठौर पिया अजहू न आए
धन्ना रोए रोए—अँखियाँ"

---

1. जान को जंजाल,

2. परेशान।

क़ुदसिया ख़ाला तो चुल्लू में आँसू लिये बैठी रहती थीं, बस छिड़कने लगीं। मगर इससे पहले कि वह दौरा डाल पातीं, बुआ तड़ाक से बाग़वाले दरवाज़े से ग़ायब!

''चुन चुन कलियाँ सेजें बिछाईं'' दूर उनकी आवाज़ लहराई।

''धन्ना रोए रोए अँखियाँ...लाल गाल''

सब पर रोब तारी हो गया। बुआ ग़ैबदाँ[1] हैं। क़ुदसिया ख़ाला को चट से पकड़ लिया।

"कहीं सुन चुकी होगी।" चचा बोले। दह्‌रिये[2] थे ना। मगर उन की बात का किसी ने यक़ीन न किया। उसके बाद वह आने-जाने लगीं। आतीं, बैठतीं, जी घबराता, उठ कर चल देतीं।

"ऐ बैठो ना बुआ..." क़ुदसियाँ ख़ाला ख़ुशामद करतीं।

''नाहीं भाई हमका जाए का पड़ी, हमरी बाट देखत होए।"

और हम समझे, वाक़ई ग़ाज़ी मियाँ कदम की छैयाँ तले खड़े उनकी राह देख रहे होंगे।

"अच्छी भली शरीफ़ घराने की है। निगोड़ी की मति मारी गई।"

"नहीं बी, मुझे पागल तो नहीं लगे है।"

"ऊई तो क्या ढेले मारे, जब ही मानोगी कि पागल है। घर में चमरिया को घुसा रखा है। मुई कौड़ी की दीवाल नहीं। जिसका जी चाहे दुखिया को लूट ले, ख़बर भी न होगी।"

"ए बी उसका ज़िक्र न करो, मेरे जी में वहम आता है।'' नानी अम्माँ बोलीं।

---

1. अन्तर्यामी,
2. नास्तिक।

“तो क्या मैं उसके बुरे को कहती हूँ?''

“उसके अच्छे बुरे का क्या ठीक। मौलवी साहब ने भी उसके भले ही को कहा था कि निकाह कर लो यूँ मारी-मारी फिरती हो। यह उनकी जान को आ गईं कि ‘‘अपनी अम्माँ का निकाह पढ़ा दो किसी राह चलते से।”

“बग़ैर मर्द के औरत की इज़्ज़त महफ़ूज़ नहीं होती।'' मौलवी साहब ने समझाया।

‘‘हमरा मर्द मौजूद है। तुम्हरे बाप का बाप। सुन पइए तो तुम्हरी दाढ़ी मा आगी लगा दीहे।''

ग़ाज़ी मियाँ की प्यारी को कोई कुछ कहे और वह चुप चाप सुन लें। मुल्ला जी का जवान बेटा बावली से डोल भरके मुड़ रहा था कि साँप ने डस लिया। मुल्ला जी ने बुआ के तलवे चाटे, जूती पर नाक रगड़ी तो लड़के की जान बची।

“पानी का साँप होगा। ज़हरीला नहीं होता।” चचा मियाँ का कहना था। मगर कौन सुनता है अपने ईमान[1] के आगे? लोग बुआ से और डरने लगे। ऐसी वैसी न थीं, ‘‘मियाँ'' की चहेती महबूबा थीं। ग़ाज़ी मियाँ जो बाँझ की गोद में फूल खिलाते, कोढ़ी का कोढ़ मिटाते। एक पल में फ़क़ीरों को शाह और शाहों को कंगाल बना देते। क्या अपनी लाडली का इतना मान न करते होंगे। क़ुदसिया ख़ाला को अब भी उम्मीद थी कि शायद मेम बाँझ है। चूँकि अभी तक चूहे का बच्चा तक न जन पाई थी। नानी बीवी के चिल्लों और वज़ीफ़ों ने उसकी कोख पर ताला डाल रखा था। मौला को दिन फेरते दिन नहीं लगते। मियाँ के मज़ार पर मन्नत भी मान रखी थी कि ख़ैर से क़ुदसिया के दिन फिर गए और गोद भरी तो चाँदी का

---

1. दृढ़ विश्वास।

पुतला चढ़ाएँगी। तीन साल से नानी बीवी चाँदी का पुतला मियाँ के क़दमों में चढ़ा रही थीं कि या ग़ाज़ी मियाँ यह पालना भर दो। उधर क़वी-ओ-क़ादिर से सिफ़ारिश जारी थी कि क़ुदसिया के दुल्हा को हाज़िर करें। मगर चिल्ले वज़ीफ़े और दुआएं कुछ ख़ल्तमल्त[1] हो गईं!

पालना भरा मगर मेम के वसीले से। जिस दिन सौतन के हाँ बच्ची पैदा होने की ख़बर मिली, क़ुदसिया ख़ाला और भी ज़मीन-दोज़[2] हो गईं जैसे उनकी कच्ची क़ब्र पर संगे-मरमर का मज़ार खड़ा कर दिया गया। अब तो रोज़े-हश्र[3] मुन्कर-नकीर[4] को उन में जान डालते हुए आलकस आएगी।

बुआ कई दिनों से न जाने कहाँ ग़ायब थीं, एकदम से आन धमकीं। नानी बीवी उस नाइन की ख़बर[5] ले रही थीं जो लड्डू देने आई थी। नानी बीवी ने लड्डू मोरी में लुढ़का दिए और नाइन का चोन्डा मूँडने की धमकी देने लगीं। वह निगोड़ी भागी अपना लहँगा सँभालती। बुआ ने जो बच्ची की पैदाइश की ख़बर सुनी तो बावलों की तरह चहकने लगीं।

"ऐ बड़ी बिटिया सौतिया की गोद हरी हुई गई। सटोरा अछवानी न बंटिहो?" फिर खूँटी से ढोलकी उतार के औंधी-सीधी ज़च्चा-गीरियाँ[6] अलापने लगीं।

---

1. गड्डमड्ड,
2. ज़मीन में धँसा हुआ,
3. क़यामत का दिन जब अच्छे-बुरे कर्मों का हिसाब होगा,
4. दो फ़रिश्ते जो क़ब्र में मुर्दों से पूछताछ करते हैं,
5. खबर लेना : फिटकारना,
6. वह गीत जिनमें नवजात और उसकी माँ की प्रशंसा होती है।

"पैर में पैंजनिया, लाला छम-छम खेलेगा" लाला तो पैदा भी नहीं हुआ था, छम-छम ख़ाक खेलेगा। नानी बीवी को यह बेवक़्त की रागनी खल गई। वह टाँग ली कि बुआ ने ढोल एक तरफ़ लुढ़काया और लम्बे-लम्बे डग भरती मस्जिद के पिछवाड़े जा बैठीं। बुआ कई दिन के लिए उड़न छू हो गईं। उनकी यही आदत थी, दिन हो कि रात जब वहशत[1] बढ़ती, पैदल निकल खड़ी होतीं। एक गाँव से दूसरे गाँव निकल जातीं। कुएँ की मुँडेर पर घड़ी भर को दम लेतीं। कोई नया गीत सुनाई पड़ जाता तो उसे समेट कर अपने गीतों के ख़ज़ाने में जमा कर लेतीं फिर आगे बढ़ जातीं। कई-कई दिन बिना खाए चलती चली जातीं। पागलों में बड़ा दम होता है। सोते हुए हमने उन्हें कभी नहीं देखा। न उन्हें साँप बिच्छू छेड़ते न जंगली जानवर। तराई के उधर गाँव में शेर लगता था मगर उन्हें देखकर रास्ता छोड़ देता। कुछ लोग तो कहते थे वह उन्हें माथा टेक के सलामी देता था।

ऐसे शौक़ से बुआ ग़ाज़ी मियाँ की शरारतों के क़िस्से सुनातीं कि शक करने की गुंजाइश न रह जाती। दरगाह के पास रह कर हर बात यक़ीन आने लगती है। मियाँ बड़े ज़िद्दी और हठीले थे। हर वक़्त छेड़ख़ानियाँ किया करते। कभी आँचल पकड़ के खेंच रहे हैं, कभी चूड़ियाँ मुरकाए देते हैं।

"ए बी, मियाँ तुम पर आशिक़ कैसे हो गए?" क़ुदसिया ख़ाला पूछतीं।

"दिल आय गवा।" बुआ नख़रे से मुस्करातीं।

"यही तो पूछती हूँ दिल कैसे आया?" क़ुदसिया ख़ाला को दिल लाने के गुर मालूम करने की बड़ी फ़िक्र रहा करती थी।

---

1. पागलपन।

तन-मन-धन निछावर करने के बाद भी उन्हें तो किसी का दिल न मिला।

"अब ई हम का बतावें, उनही से पूछ लो। ई का सामने खड़े मुस्कुरावत हैं।" वह सपाट दीवार की तरफ़ ठेंगे से इशारा करतीं और सब डर के इधर-उधर देखने लगते। हमारी माद्दी[1] आँखों को कुछ नहीं दिखाई देता था। उनके लिए तो चौदह तबक़[2] रौशन थे।

"मुलाक़ात कैसे हुई?"

"पनिया भरन जात रहीं। बाट रोक के खड़े हो गए।"

"फिर?" हम उनके पास खिसक कर पूछते।

"हम उठ के भागीं। बस हमरी कलाई पकड़ लीहन।"

"फिर?" हम और खिसकते।

"हमरा बापू गुस्साए गए।" वह कहीं दूर ख़्वाबों की दुनिया में पहुँच जातीं। "कहिन माँझी का पूत है हम अपनी धी न देंगे।"

"माँझी का पूत?"

फिर बुआ बतातीं कि माद्दी आँखों के लिए मियाँ एक माँझी के बेटे का रूप धार के उनके बापू से पैर पकड़ के उन्हें माँगने आए थे। बापू गुस्साए गए और उन्हें धुत्कार दिया। फिर उनकी शादी किसी दूसरी जगह कर दी। रात को जब बरात घाघरा नदी पार कर रही थी, ज़बरदस्त तूफ़ान आया। मियाँ जो माँझी बने उसी नौका की पतवार सँभाले थे, वही तूफ़ान लाए थे। उन्होंने सब को छोड़कर उन्हें बचाने की कोशिश की मगर बरातियों ने गड़बड़ शुरू कर दी। गुस्साए के बाले मियाँ ने नौका उलट कर सब को डुबो दिया और बुआ तीन दिन तक पानी पर दुल्हन बनी फूलों की सेज पर तैरती रहीं।

---

1. भौतिक,
2. धरती की चौदह तहें, चौदह तबक़ रौशन होना : बुद्धि बढ़ जाना।

"फिर?" हम खिसक कर बिल्कुल उनकी गोद में घुस जाते।

"फिर तुम्हरा खोपड़ा।" वह उकता कर हमें दूर धकेल देतीं और खोई-खोई आँखें लिए क़ब्रिस्तान में बिरहे गाती सरगर्दां[1] घूमतीं। बुआ कुँआरी थीं। किसी मिट्‌टी के पुतले ने उन्हें हाथ नहीं लगाया था। बारात के डूबने के बाद वह किसी तरह किनारे से लग गईं। कई दिन जंगलों में सरगर्दां फिरती रहीं। जब उनके वालिदैन को उनका पता चला तो दौड़े आए। मगर जब तक बुआ अपने ख़्वाबों की दुनिया में पहुँच चुकी थीं। उन्होंने सुहाग की चूड़ियाँ ठंडी करने से इनकार कर दिया। वह सुहागन थीं और बाले मियाँ उनके दूल्हा थे। बाले मियाँ से उलझने की किसी में हिम्मत न थी।

"ऊ हमका बुलावत हैं।" उनका जब जी चाहता, निकल खड़ी होतीं और जंगलों में इश्क़िया लोक गीत गाती फिरतीं। उनकी मर्ज़ी को बाले मियाँ की मर्ज़ी और ख़ुदा का हुक्म समझ कर किसी ने चूँ न की। फिर आहिस्ता-आहिस्ता उनके बारे में मोजिज़े मशहूर होने लगे तो और भी लोगों की उनसे कन्नी दबने लगी। वह पूजी जाने लगीं। लोग मियाँ से सिफ़ारिश कराने के लिए उनकी सेवा करते। जिधर निकल जातीं आँखें बिछाते। उनका काम करना ख़ुशक़िस्मती समझते। जिसकी मुराद पूरी होती वह ग़ाज़ी मियाँ के मज़ार पर चढ़ावा चढ़ाने के साथ उनके लिए भी गुलाबी दुपट्टा और तेल-इत्र फूल और चूड़ियाँ नज़्र करता। खाना वह खाती ही कितना थीं। कई-कई दिन भूखी रह लेती थीं। लोग थाल सजा कर उनके घर दे जाते, वह उठा कर फ़क़ीरों को खिला देतीं। माँ-बाप के मरने के बाद वह इसी तरह अकेली रहतीं थीं। एक चमारन घर की देखभाल करती थी। दुनिया भर के कपड़े फाड़ने और खोने वाली धोबन

1. परेशान, रास्ता भूला हुआ।

उनके कपड़े सब से उजले धोती थी। थोड़ी बहुत ज़मीन भी थी मगर उन्होंने वुसूली कभी ज़रूरी न समझी। शायद यही वजह थी कि लोग उन्हें ग़ाज़ी मियाँ की प्यारी मानने लगे थे। वह उन्हें भी प्यारी थीं। उन्हें किसी से डरने की ज़रूरत न थी, उन पर जान निछावर करने वाले बहुत थे। इसीलिए वह एक कमज़ोर औरत होते हुए भी अपाहिज और मजबूर नहीं थीं। मर्दों के तमाम हक़ूक़[1] उन्हें हासिल थे। रात-बिरात अकेली जहाँ चाहतीं, ऊँची आवाज़ से एलाने-इश्क़ कर देतीं। ऊँची आवाज़ से अलापतीं, आवाज़े कसतीं, धड़ से गाली बक देतीं। मर्दों के साथ बैठकर क़व्वाली सुनतीं और छनाछन रुपए फेंकतीं। ग़ाज़ी मियाँ के सालाना मेले के ज़माने में लाखों ज़ाइरीन[2] के हमराह हज़ारों लुच्चे बदमाश भी आ निकलते। आए दिन अग़वा[3] और आबरूरेज़ी[4] के वाक़िआत सुनने में आते। बेगमें बन्द शिकरम में चपरासियों के पहरे में निकलते ख़तरा महसूस करतीं और वह मज़े से भीड़ को चीरती गुलाबी आँचल लहराती फिरतीं।

"ऐ है बुआ ज़माना बड़ा ख़राब है, मेले में न जाओ" अम्माँ उन्हें टोकतीं, ''अकेली घूमती हो, डर नहीं लगता।''

''कौन हम अकेले घूमत हैं? अरे हम अकेले नाहीं, हमरा साथ ऊ जो रहत हैं।'' यानी उनके ''वो!'' ''मजाल है कोई की जो हमसे बोले।"

सब लाजवाब हो जाते। कौन उल्टी-सीधी बात कह के आफ़त सर मोल ले, कौन जाने मोजिज़ा हो जाए तो?"

---

3. अधिकार,
4. दर्शनार्थी, श्रद्धालु,
5. अपहरण,
6. बलात्कार।

"साली लफ़ंगी है?" शुरू-शुरू में चचा मियाँ उनसे चिढ़ते थे। बकवास कर दिया करते थे। "पागल-वागल कुछ नहीं सबको उल्लू बनाती है।"

उसी रात चचा मियाँ के ऐसा गुर्दे में दर्द उठा कि चीं बोल गए। लाख बिचारे ने बहस की कि दर्दे-गुर्दा[1] का उन्हें पुराना मरज़[2] है मगर साहब कौन सुनता है। अम्माँ ने बुआ को ख़ूब परचाया। उनसे दबी ज़बान से कहा कि मियाँ से सिफ़ारिश कर दें। बिचारे जाहिल हैं।

दर्द कम तो होना ही था मगर अम्माँ ने उसे बुआ की सिफ़ारिश का असर ही समझा और चचा मियाँ को अल्टीमेटम दे दिया कि अगर अब उन्होंने ऐसी-वैसी बात कही तो सर पीट लेंगी। उनका क्या है बगौड़े नाथे। जोरू न जाता अल्लाह मियाँ से नाता। वह तो ख़ैर से बच्चों वाली हैं, वह किसी से बैर नहीं पाल सकतीं। अब्बा को तो उन्होंने पहले ही क़सम दिला दी थी कि अगर बुआ की शान[3] में एक लफ़्ज़ भी निकाला तो उनका मरा मुँह ही देखें। अब्बा कहते थे। ये पीरी-मुरीदी बिद्अत[4] है। मगर अम्माँ को आक़िबत[5] से अपना सुहाग ज़्यादा प्यारा था।

जब बुआ और घुल-मिल गईं तो ऐसा लगा जैसे अल्लाह मियाँ से समझौता हो गया। बुआ के नाते ग़ाज़ी मियाँ भी अपने कुछ लगते थे!

मूड में होतीं बुआ तो कभी रात को भी रह जातीं। हम लोग उनके साथ सोने के लिए लड़ा करते। उन्हें सूँघने में बड़ा मज़ा

---

1. वृक्क की पीड़ा,
2. रोग,
3. बड़प्पन,
4. धर्म में नई बात,
5. परलोक।

आता था। भीनी-भीनी ताज़ा खुदी हुई मिट्टी की-सी महक आती थी। कई दिन ग़ायब रहने के बाद जब दूर से उनके गाने की आवाज़ सुनाई देती तो हम लोग पागलों की तरह ग़ुल मचाते दौड़ते, चींटियों की तरह लिपट जाते और उन्हें घसीट लाते। वही आवाज़ जिसे सुनकर रूह फ़ना हुआ करती थी फिर लह्ने-दाऊदी[1] का असर करने लगी। उनके आते ही घर की फ़िज़ा जागकर खिलखिला उठती—ढोल गमकने लगता :

वह नए गीत, नई धुनें सुनातीं।

"हो मोरे राजा। दिल्ली से बैद बुलाना
नबज हमरी देखे धीरे-धीरे।"

"सावन आए गवा भाई का झूला न पड़िहे" घटाएँ झूम-झूम कर आतीं, फुआरें पड़ती, जवान दिलों में उमंगें अँगड़ाइयाँ लेने लगतीं। क़ुदसिया ख़ाला की आँखों में चिंगारियाँ सुलगने लगतीं। झूला कौन डालता, क़ुदसिया ख़ाला को तो झूला झूलते देख कर चक्कर और मतली शुरू हो जाती। मगर बुआ किसी के घर से रस्सी उठा लातीं। हम रस्सी पर तकिया रख कर झूलते, बुआ लम्बी-लम्बी तानें उठातीं। उनके साथ पलंगड़ी पर लेटी क़ुदसिया ख़ाला भी आवाज़ मिलाने लगतीं!

"जिया तरसे बदरवा-बरसे
सखी री दिन कैसे कटेंगे बहार के"

शब्बीर मामूँ दूर बैठे मुजरिमों की तरह फ़र्श को घूरते जैसे वही बादल बरसा कर किसी का जी तरसा रहे हैं और क़ुदसिया ख़ाला की ज़िन्दगी के बहार के दिन जो कठिन बीत रहे हैं उसकी ज़िम्मेदारी उन्हीं पर आती थी। क़ुदसिया ख़ाला पराई थीं। वह तो

1. पैग़म्बर हज़रत दाऊद जैसी आवाज़ जो बहुत ही मधुर थी।

शजरे-ममनूआ[1] थीं। चुपके-चुपके मौलवियों से फ़तवे लिये, वकीलों से बातचीत की, मगर यह उस वक़्त की बात है जब ख़ुलूअ[2] बिल पास नहीं हुआ था। पहले तो ख़ानदान की नाक कटने के डर से तलाक़ का ख़याल भी किसी ने न किया, फिर जब ख़ानदान के कुछ बाग़ी लोगों ने नानी बीवी को राज़ी किया तो क़ुदसिया ख़ाला के दूल्हा को ज़िद्द सवार हो गई। बुआ ने अपनी एक आज़ाद दुनिया बना ली थी जहाँ वह दुनिया को ठोकर मार के राज करती थीं मगर आख़िर को औरत थी। लाख दरवाज़े बन्द किए फिर भी कोई झिरी रह गई।

हमें वह वाक़ई अच्छी लगती थीं। उनसे प्यार भरी ज़िदें करते। वह जातीं तो मातम-कुनाँ[3] पीछे लग जाते। नाचार[4] लौट आतीं।

"बुआ ये बच्चे तो तुम्हारे पीछे दीवाने हो गए हैं। इन कमबख़्तों को भी अपने संग ले जाओ।" और बुआ अपना दौरा मुल्तवी[5] कर देतीं। बुआ पागल न होतीं तो सोने में तोलने के क़ाबिल थीं। काम-काज में भी हाथ बटाने लगी थीं। सफ़ाई का उन्हें जुनून था। बच्चों की फ़ौज ले के जिधर पिल पड़तीं, टोकरों कूड़ा निकाल फेंकतीं। अब्बा की पेंशन के बाद वतन चली चलें तो क्या कहने।

---

1. गेहूँ का पेड़, जिसे अल्लाह मियाँ ने आदम के लिए निषिद्ध कर दिया था; ऐसी चीज़ जिसके पास जाना बुरा हो,
2. औरतें जब मर्द को तलाक़ देती हैं तब उसे तलाक़ नहीं ख़ुलूअ कहा जाता है,
3. रोते-पीटते,
4. मजबूर होकर,
5. स्थगित।

“क्या इसका इलाज नहीं हो सकता?” अम्माँ ने हकीम साहब क़िबूला से पूछा जो क़ुदसिया ख़ाला का इलाज किया करते थे और दूसरे-तीसरे आते रहते थे।

“हो क्यों नहीं सकता बेगम साहब! दुनिया में कौन-सा मरज़ है जिसका तिब्ब में इलाज नहीं। मुसूहिल[1] दिये जाएँ, इन्शा-अल्लाह[2] दिमाग़ सही हालत पर आ जाएगा।”

हकीम साहब क़िबूला के पास हर मरज़ की बस एक दवा थी, अमलतास के जुल्लाब[3]। जब क़ुदसिया ख़ाला को बहुत वहशत होती तो यही जुल्लाब दिए जाते। इन जुल्लाबों से जान के साथ जिस्म से भी हाथ धो बैठने का यक़ीन होने लगता। रू-ब-सेहत[4] होने के सिवा बेचारी को कोई सूरत नज़र न आती। फिर काफ़ी दिन तक वह पलक झपकाते भी डरती थीं कि लोग उसे दौरा समझकर कहीं इलाज पर न तुल जाएँ। चचा मियाँ को भी दर्दे-गुर्दा[5] के लिए वही जुल्लाब दिए गए। पहली ख़ुराक के बाद वह हकीम जी को क़त्ल करने के इरादे करने लगे।

“जिस्म की गर्मी दिमाग़ पर चढ़ जाती है। पेट की सफ़ाई से तमाम फ़ासिद माद्दे[6] ख़ारिज हो जाते हैं।[7]” वह मुसूहिल के फ़वाइद[8] बयान करते और हर कोई क़ाइल[9] हो जाता। मगर बुआ सुनी-अनसुनी कर देतीं।

---

1. दस्त लगनेवाली औषध; रेचक,
2. अल्लाह ने चाहा तो,
3. रेचक,
4. रोगमुक्त,
5. वृक्क की पीड़ा,
6. दूषित धातु,
7. निकल जाते हैं,
8. लाभ,
9. निरुत्तर।

"अरे रहन देओ। ई बैद का बच्चा का हमरा इलाज करिहे।" उनकी बीमारी पर ज़्यादा बहस भी नहीं की जा सकती थी। एकदम उकता कर भाग खड़ी होतीं।

बुआ के इलाज की बात चल ही रही थी कि एक दर्दनाक[1] वाक़िआ[2] पेश आया कि उनका पागलपन खुल गया। सँझली बेचारी ज़रा मुस्मुसी-सी[3] थी। उसकी शादी में मुस्तक़िल अड़चनें पड़ा करती थीं। बड़े जोड़-तोड़ के बाद सहारनपुर वाली ख़ाला बी एक पैग़ाम घेर के लाईं। दूल्हा की अम्माँ बातचीत के सिलसिले में आईं। उन पर रोब डालने के लिए घर इतना झाड़ा-पोंछा गया कि हम ख़ुद अपने घर में मेहमान से लगने लगे। हर तरफ़ ऐसी चीज़ें सजा दी गईं जिन के मैले हो जाने और टूटने के डर से हर वक़्त डाँट पड़ती।

बुआ कई दिन से ग़ायब थीं। हम उन्हें तीन-चार दिन रो-पीट के नाउम्मीद हो चुके थे। होने वाली समधन के लिए निहायत लम्बा-चौड़ा दस्तरख़्वान चुना जा रहा था। बेले की कलियों का गुच्छा आँचल में झुलातीं, कोई नया गीत मुरमुराती हस्बे-आदत अचानक आ गईं। पहले तो घर के सोलह सिंगार देख कर ठिठकीं फिर समधन को देख कर एकदम अलफ़[4] हो गईं। उनके बहुत क़रीब जा के आँखें मिचमिचाईं, भँवें सुकेड़ीं जैसे कोई बहुत बारीक जूँ ढूँढ रही हों। हालाँकि समधन ख़ासी वाज़ेह[5] थीं। ठिगनी तो ज़रूर थीं मगर क़द की लम्बाई की कमी चौड़ाई में

1. कष्टजनक,
2. घटना,
3. भोली-भाली-सी,
4. अलफ़ होना : क्रोधित होना,
5. स्पष्ट।

पूरी हो गई थी। बुआ के रवैये से अम्माँ ज़रा घबराईं। उनका ध्यान बटाने के लिए इधर-उधर की फ़ुज़ूल बातें करने लगीं। मगर बुआ ने उनका हाथ झटक दिया और समधन से राज़दाराना अन्दाज़ में पूछा :

"ऐ बहनी, कौन चक्की का पिसा खात हो?"

समधन के चेहरे पर बहुत से अज़्लात[1] फुदकने लगे। स्याह और चिकनी नाक के हीरे की लौंग भड़कने लगी और ऐसा लगा, समधन एक धमाके से फटने वाली हैं।

"ऐ बुआ, ज़रा यह बर्फ़ का पानी मर्दानख़ाने में ले जाओ।" उन्होंने बुआ को घसीटकर समधन की जान बचाई। "सँझली का पैग़ाम आया है। दूल्हा बाहर बैठा है। ज़रा देखकर तो आओ कैसा है।" अम्माँ ने फुसलाकर उन्हें बाहर भेज दिया।

"निगोड़ी सिड़न है।" अम्माँ ने माज़िरत[2] चाही मगर समधन कबीदा-ख़ातिर[3] हो गईं।

बुआ गईं और उल्टे क़दमों लौट पड़ीं। बर्फ़ के गिलासों की किश्ती उन्होंने धम से चौकी पर पटख़ी, और माथा कूटने लगीं। "ऐ मोरी मैया, ई दूल्हा है कि तम्बाकू का पिंडा। ऊपर से बेंत भर का।" उन्होंने दायें हाथ की हथेली पर बायें हाथ का बालिश्त[4] बना कर खड़ा किया। "भई ई जोड़ी तनिको ठीक नहीं। दूल्हा कोई काम का नहीं। काहे बिटिया का नसीब फोड़त हो। ऐ समधन, कोई अपनी सकल की परी जात ढूँढ कर लाओ पूत के लिए। हमरी बिटिया को बक्सो।"

---

1. स्नायु, नसें,
2. क्षमा,
3. अप्रसन्न,
4. अँगूठे के सिरे से छिंगुली के छोर तक की लम्बाई।

समधन फटीं तो नहीं लेकिन सँझली को उन्होंने उसी वक़्त बख़्श दिया[1]। बुआ निहायत ख़फ़ा गलियातीं रहीं। अम्माँ के क़ाबू में ख़ाक आतीं। खूँटी से ढोल उतार के खरवाताल उड़ाने लगीं :

"काला बलम हम ना लिए दीदी–काला बलम
जब मोरे सैयाँ सेजो पे आएँ हैं
उस मारूँ लात आ तान गिरे दीदी
काला बलम...हम ना लिए।"

सँझली के नसीब में अड़चनें ही लिखी थीं। सारे घर ने बुआ की टाँग ली। मगर ढोल लुढ़का के वह बड़बड़ाती चली गईं।

"कुआँ मा ढकेल देओ धी का–हाँ–"

हफ़्तों के लिए ग़ायब हो गईं। ऐसा लगा जैसे अब कभी नहीं आएँगी। घर में सूना पड़ गया। क़ुदसिया ख़ाला के दौरे फिर जल्दी-जल्दी वारिद होने लगे। मिज़ाज भी बहुत झल्ला हो गया। पहले तो हर बात नानी बीवी की मान लेती थीं।

"ऐ बेटी क़ुदसिया, ज़रा सा दूध पी लो।"

"अच्छा बी अम्माँ।"

"बेटी अब लेट जाओ, कब से खूँटा-सी बैठी हो।"

"ऐ है कब तक पड़ी रहोगी। अब उठ बैठो।"

ग़रज़ उठो बैठो, खाओ पियो। नानी बीवी की जान को क़ुदसिया ख़ाला रोग की तरह लग गई थीं। हर वक़्त उन्हीं का मातम। हर दम निगाहें उन्हीं पर जमी रहतीं। इसके सिवा काम ही क्या था उन्हें। क़ुदसिया ख़ाला हर बात पर "अच्छा बी अम्माँ" कहे जातीं। एकाएकी न जाने क्यों नानी बीवी को झिड़कने लगीं। दोनों

---

1. छोड़ दिया।

में तू-तू मैं-मैं होने लगती। कभी क़ुदसिया ख़ाला रोतीं कभी नानी बीवी। बीच में दादी अम्माँ फाँद पड़तीं। एक-एक करके सब लपेट में आ जाते। दो पार्टियाँ बन जातीं। बात कहीं से शुरू हो कर कहीं ख़त्म होती। ददिहाल और ननिहाल दी कैम्प बन जाते। सात पीढ़ी तक हमले होने लगते। फिर मुँह थुथाए सब एक दूसरे से तने रहते।

सब लड़ाइयाँ क़ुदसिया ख़ाला के मोर्चे से शुरू होतीं। दिन-ब-दिन उनकी तबीअत में तल्ख़ी बढ़ती जा रही थी। ख़ूब लोगों के दिल दुखते और उन्हें मज़ा आता। शब्बीर मामूँ से भी वह खिंची-खिंची रहने लगीं।

"मेरी बार क्यों देर इतनी करी" वह क़ुदसिया ख़ाला की दिलपसन्द चीज़ सुनाने लगे तो वह पीठ मोड़कर पड़ गईं। बेचारे मिनमिना के रह गए।

"जाइए ना, फिर रात हो जाएगी—बरसात का ज़माना है।" वह रहम खा कर रुखाई से कहतीं और वह कुछ एहसानमन्द[1] से उठ कर चले जाते। ख़याल तो हुआ उनका।

फिर एक दिन हम ख़ुशी से दीवाने हो गए। वह हमें मिल गईं। बहार का मौसम था। जंगल टेसू के फूलों से दहक रहे थे। आँखों में लाल-लाल रंग भरा जाता था। वह एक अंगारों से लदे दरख़्त के पास रुककर अपनी स्लीपर में से रेत झाड़ रही थीं। गुलाबी दुपट्टा फूलों के अक्स[2] से आतिश[3] हो रहा था। उनकी आँखों में बहारें रक़्साँ[4] थीं जैसे अपने महबूब से मिल कर आई हों या मिलने जा रही हों।

---

1. आभारी,
2. छाया,
3. आग जैसा लाल,
4. नाच रही थीं।

हम लोग उन पर टूट पड़े। महब्बत इनसान को कितना बेबस कर देती है। हमारी बेक़रारी पर वह खिल उठीं। गले में मोती बजने लगे।

"अरे भाई चलत हैं, तनिक दम तो लेओ।" हम उन्हें घसीटने लगे। एक बार उन्होंने पीछे ठिठक कर देखा और बड़ी लजाजत[1] से कहा :

"अब्बे लौट के आवत हैं।" हम बौखलाए। वह किससे अभी लौट कर आने का वादा कर रही थीं। वहाँ तो कोई भी न था। चलीं फिर रुक गईं। फिर बिगड़ कर बोलीं, "हमसे नखरे न करो हाँ हम कहे देत हैं।" फिर चलने को मुड़ीं मगर फिर जैसे कोई नागवार[2] बात सुनी हो और तेवर चढ़ाकर ज़ोर से डाँटकर बोलीं, "अच्छा जाओ, न आवेंगे। देखत हैं तुम हमरा का कर लेत हो। हमरा एतबार नाहीं करत हो...हमरी बलाए से।" वह हवा से लड़ रही थीं और अपनी टाँगों का यह हाल था कि बही जाती थीं। अगर हम वाक़ई उन्हें इतना न चाहते होते तो कभी के भाग खड़े होते।

बुआ के आने से काएँ-पाएँ मच गई। न जाने क्या इत्तिफ़ाक़ था कि जब वह आतीं तो या तो कोई फलों या मिठाइयों का पार्सल आ जाता या कोई अच्छी-सी ख़बर आती। उन्हें देखकर सब के दिल चौंचाल हो जाते। लड़ाई हो रही होती तो ख़त्म हो जाती या ग़ुल-ग़पाड़े में लोग भूल जाते। क़ुदसिया ख़ाला अपनी नामुरादी झटक के उठ बैठतीं।

बातें करते-करते बुआ एकदम तेवरियाँ चढ़ाकर सपाट दीवार को घूरने लगीं।

---

1. गिड़गिड़ाकर,
2. जो अच्छा न लगे।

''जाओ—न आवेंगे।'' उन्होंने हवा को डाँटा। सब सहम गए।

''क्या हुआ?'' अम्माँ ने पूछा।

''भाई हमरा मगज[1] खाए गवा। हम पर भरोसा नहीं। कहत है हमरी आसनाई[2] है। हम नैन लड़ावत हैं।'' वह चिल्ला-चिल्ला कर बाले मियाँ की शिकायत करने लगीं। ''अरे हमका समझत का है? हम कोई पतुरिया[3] हैं। ख़ानगी[4] हैं?

''ऊई!'' अम्माँ उदास हो गईं—''हाय पगली!'' उन्होंने ठंडी आह भरी।

''जल के मुरन्ड हुआ जात है। कहत है हरजाई हन!'' वह ख़याली महबूब बिल्कुल चूँ-चूँ का मुरब्बा था। कुछ जेम्सबांड और कृष्ण-मुरारी का मजमूआ[5] समझ लीजिए। जेम्स-बांड तो ज़माने में हीरो रह चुका है; वह चाहे दास्ताने-अमीर हमज़ा का हीरो हो, या हातिम ताई हो या आल्हा ऊदल की सूरत में ज़ाहिर हो। और कृष्ण मुरारी की झलक शायद इसलिए थी कि ज़्यादातर लोक गीत उन्हीं की शान में होते हैं। बाले मियाँ बिल्कुल वही शरारतें करते थे—आँचल पकड़ना, कलाई मरोड़ कर चूड़ियाँ मुरका देना और कभी ग़ुस्सा आ जाए तो लप्पड़ मार देना या कश्ती लौट देना। उनमें वह तमाम सिफ़ात[6] मौजूद थीं जो एक तरहदार[7] नौजवान में होना चाहिएं। कुछ भी हो बुआ के बाले मियाँ क़ुदसिया ख़ाला के शब्बीर

---

1. दिमाग़,
2. जान-पहचान,
3. तवाइफ़,
4. वह घरेलू स्त्री जो व्यभिचारिणी हो,
5. समूह,
6. गुण,
7. बाँका, छबीला।

मामूँ से ज़्यादा ज़िंदादिल[1] और दिलचस्प थे। हमें बुआ की हर बात पर यक़ीन आ जाता। उन्हें मियाँ दिखाई देते थे तो उसमें तअज्जुब की कौन सी बात थी। हमें ख़ुद बादलों में हाथी घोड़े और मैली पुरानी नून लगी दीवारों के उखड़े हुए प्लस्तर में इन्द्र सभा का अखाड़ा जमा नज़र आता था। हमें तो वह पागल भी नहीं लगती थीं। अगर ऐसे पागल हर घर में दो-चार पैदा हो जाएँ तो ज़िन्दगी कितनी हलकी-फुलकी हो जाए।

"ऐ बुआ ज़रा इधर आओ।" अम्माँ ने मतलब की बात कहने के लिए उन्हें फुसलाया। शायद मियाँ से ख़फ़ा थीं इसलिए अम्माँ ने जब हकीम जी से इलाज करवाने की तज्वीज़ पेश की तो बिदकी नहीं, ऐसा लगा ग़ौर से सुन रही हैं।

"अरे अब का इलाज करावें। ओ कमबखत हमका रोग ऐसा लगाए दिहिस है कि हमका खतम कर दीहे। बात-बात पर किर-किर करत है। हमरे ऊपर धौंस जमावत है।" खूँटी पर से ढोल उतार कर बड़े तास्सुफ़[2] से देखती रहीं। "ई चूहिया मालज़ादी[3] का हैजा समेटे। छिनाल, सब काट डारस।" जब ढोल से नाउम्मीद हो गईं तो वैसे ही बाले मियाँ से लड़ने लगीं।

"सैयाँ तोरे नखरे हम न सहेंगे
अरे तुम चढ़ियो घोड़ा हम हाथी चढ़ेंगे
बलमा तोरे नखरे..."

ख़ूब-ख़ूब सैयाँ को खरेदा। वह कोठा चढ़े तो ये पहाड़ चढ़ीं। वह उनकी रीस में पहाड़ चढ़े तो ये पाताल चढ़ीं। ग़रज़ बेचारे को चीं बुलवा दी।

---

1. हर समय प्रसन्न रहनेवाला,
2. पश्चाताप,
3. वेश्या-पुत्री, एक गाली।

"अरे देखत जाओ। आप ही झक मारके हमरे पैर पकड़िहे।" उन्होंने बड़े इत्मीनान और वसूक़[1] से कहा।

दीवाने भी अपनी दुनिया के शहनशाह होते हैं। मआज़ल्लाह[2] क्या ग़ुरूर[3] था बुआ को अपने तईं पर। शाहों के शाह, उनके क़दम लेते थे। उनकी एक मुस्कुराहट पर मिटे धरे थे। ऐसा मारिके[4] का चाहनेवाला मिल जाए तो होश-ओ-ख़िरद[5] की दुनिया को क्यों न लात मार दे इनसान?

पिंजरे में बन्द परिन्दे, फ़िज़ा में उड़ने वाली आज़ाद चिड़ियों की उड़ान देखकर तीलियों से सर फोड़ते हैं। जब नहीं निकल पाते तो उन्हें फँसाने के लिए शिकारी से साज़बाज़[6] करते हैं। परिन्दों को फाँसने के लिए पालतू या पर कटे परिन्दे इस्तेमाल किए जाते हैं।

घर की चहार[7] दीवारी में दुनिया और समाज के बंधनों में जकड़ी हुई भली बीवियों को भी बुआ की यह आज़ादी शाक़ गुज़रती थी। औरत हो कर वह मर्द के हक़ूक़[8] दाबे बैठी थीं जो सब को खलता था। बुआ ने दवा पीने की हामी[9] तो न भरी मगर हाय-तौबा भी न मचाई। अम्माँ ने कहा, मुई की 'हाँ' और 'ना' की भली चलाई। उसके फ़ायदे के लिए इलाज हो रहा है।

---

1. विश्वास,
2. अल्लाह बचाये,
3. अभिमान,
4. धूमधाम,
5. संज्ञा और बुद्धि, सुधबुध,
6. गठजोड़,
7. चार,
8. हक़ का बहु., अधिकार,
9. स्वीकृति।

रात भर बेक़लई पतीले में अमलतास की फलियाँ, हड़-बहेड़ा, आमला और भी इसी क़बील[1] की मकरूह[2] दवाएँ औटाई गई। नानी बीवी ने तहज्जुद[3] की नमाज़ के बाद आँच फिर तेज़ कर दी। बुआ को फुसला कर रोक लिया गया था। सुबह सवेरे निहारमुँह ख़ुराक पीनी थी। हम लोग भी जाग गए। सारा घर अमलतास की हीक से सड़ रहा था। घुले हुए गोबर के रंग का बड़ा बादिया भरा देख के आँतें हलक़[4] की तरफ़ उछलने लगी।

बुआ ने बहुत रस्सियाँ तुड़ाईं मगर अम्माँ ने अपनी जान की क़समें दीं, नानी बीवी ने "मियाँ" का वास्ता दिया। उन्हें पकड़ के मोरी के पास उकड़ूँ बिठाया गया।

"दुपट्टे से नाक पकड़ लो।" दादी अम्माँ ने राय दी। सारा घर ठठ लगा के जमा हो गया जैसे मेंढों की लड़ाई हो रही हो। बुआ ने नाक दुपट्टे से दबाई और नानी अम्माँ की मदद से बादिया सँभाला।

"न पिलाओ—अम्माँ बी—है-है आपा बेगम, रहने दो मुई को—"

एकदम क़ुदसिया ख़ाला सबके हाथ जोड़ने लगीं। "अच्छी ताई अम्माँ—" वह यह जुल्लाब झेले हुए थीं।

"ऐहै लड़की दिमाग़ ख़राब हुआ है तेरा..." हम सब नाकें दबाए मोरी के पास उकड़ूँ बैठे ख़ी-ख़ी कर रहे थे!

"नहीं ताई अम्माँ—अच्छी, न पिलाओ—मैं पी चुकी हूँ, अल्लाह बचाए।"

---

1. प्रकार,
2. घिनौनी,
3. रात को 12 से 4 बजे के बीच पढ़ी जानेवाली नमाज़,
4. गला।

"पी चुकी हो इसीलिए तो आपे में हो ज़रा। नहीं तो बन्नो अब तक तो तिनके चुनने लगतीं।"

बड़े एह्तिमाम से बुआ ने एक घूँट मुँह में लिया और फुर से ताई अम्माँ की छाती पर कुल्ली कर दी। बादिया मोरी में पटख़ वह भागीं नलके के पास। मार कुल्लियाँ करते-करते उत्तू हो गई।

''मौत आवे ई हरामी बैद का। हमका अपनी महतारी केर कलेजा पिए का दे दिहिस।'' वह हर कुल्ली पर क़िबला हकीम साहब को एक वज़नी सी गाली देतीं—''ऊ की कबर मां कीड़े पड़ें!''

''ऐ है—इतनी क़ीमती दवा मोरी में लुढ़का दी। न पीनी थी तो मुँह से फूटतीं। क़ुदसिया के काम आ जाती।'' क़ुदसिया ख़ाला लरज़ उठीं।

"अरे हम कहाँ फेंका ऊ हाथ मार देहिस।" वह इल्ज़ाम बाले मियाँ पर थोप कर इलायचियाँ चबाने लगीं।

"उनसे तो लड़ाई थी।" नानी अम्माँ जल के रह गईं।

''अरे ऊ एक बदमास है। ऊ से कौन लड़ाई करे। रात का हमरे पीछे पड़ गवा। हमरे पैर पकड़ के रोए लगा।"

''मआज़ल्लाह!''

सब किलस के रह गए। बुआ निहायत बेतअल्लुक़ी से उठीं और चल दीं।

"ऐ लो कहाँ चलीं। सुनो।"

"हमका जावे का पड़ी। आफी खफा हुई जइहे।" वह प्यार से उन्हें देखती हुई चल दीं।

"सैयाँ तोरी गोदी फुल गेन्दा बन जाऊँगी।" सख़्त मिलाप हो गया। शहर में थेटर आया हुआ था। सब तड़प रहे थे, वह मज़े से बिला टिकट रोज़ जातीं। वहाँ से नये-नये गीत उड़ा कर लातीं।

इश्क़-ओ-महब्बत के सुलगते हुए दावे। क़ुदसिया ख़ाला के तौर भी बदले नज़र आ रहे थे। अब वह राशिदुलख़ैरी[1] की 'सुब्हे-ज़िन्दगी' और 'शामे-ज़िन्दगी' पढ़ कर हिचकी बाँधने के बजाए मस्नवी 'ज़हरे-इश्क़' छुपा कर पढ़ा करतीं और रातों को घंटों सेहन[2] में टहला करतीं।

"क़िब्ला, वह मुर्दार जुल्लाब हरगिज़ नहीं पिएगी।" अम्माँ ने हकीम साहब से शिकायत की।

"कोई मुज़ायक़ा[3] नहीं। मेरे पास बहम्दुल्लाह[4] और अदूवियात[5] हैं। ऐसी कि उसके फ़रिश्तों को भी पता न चले ये तीन गोलियाँ पान में या मिठाई में रखकर दे दीजिए। तीन-तीन दिन के वक़्फ़े से, इंशाअल्लाह मुकम्मल इफ़ाक़ा[6] हो जाएगा।''

"लो बुआ पान खाओ।'' आते ही अम्माँ पिटारी खिसका के मुसिर[7] हो जातीं।

"नाहीं भाई हमरा मुँह बिकसाए जात है।" वह साफ़ कतरा जातीं।

मगर बीवियों को सिवाय फटे में टाँग अड़ाने के और कोई काम ही न हो तो कोई कहाँ तक बच सकता था। शायद बाले मियाँ से कुछ अनबन हो गई थी या उनसे ग़फ़लत हो गई। बुआ के हलक़ से पहली ख़ुराक उतार दी गई। और लोग असर होने के

---

1. उपन्यासकार जिन्होंने स्त्रियों के उत्थान पर उपन्यास लिखे,
2. आँगन,
3. हरज,
4. अल्लाह की कृपा से,
5. दवा का बहु.,
6. आरोग्य-लाभ,
7. हठ करनेवाला।

इन्तिज़ार में बैठ गए, मगर बुआ को कुछ न हुआ। इतना ज़रूर फ़र्क़ हुआ कि हमने उन्हें कभी उस दिन से पहले सोते नहीं देखा था। वह नीम के नीचे खाट डाले लेटी थीं और सो गईं। सबको यक़ीन आ गया कि ज़रूर बाले मियाँ ने कोई तिकड़म की होगी कि गोली फुस्स हो गई। या शायद निहार-मुँह नहीं दी गई इसलिए असर न हुआ। बुआ एकदम हड़बड़ा के उठीं। उस दिन से पहले उनके चेहरे पर एक अजीब सा अनजाना ख़ौफ़ कभी न देखा था। वाक़ई वह ग़ैबदाँ[1] थीं। कुछ ग़ुस्से में उठ कर चली गईं।

''ऐ है भई, ख़ाक डालो मुए इलाज पर, कहीं कोई उल्टी-सीधी बददुआ लग गई तो लेने के देने पड़ जाएँगे। पहुँचे हुऐ लोगों से उलझना ठीक नहीं।'' अम्माँ ने फ़ैसला किया।

"हैरत का मुक़ाम है कि मुई टस से मस न हुई।" नानी बीवी ने मान लिया।

मगर शाम को हैरत के मुक़ाम ढह पड़े। बुआ की चमारिन भागी आई कि बुआ को सुबह से दस्त लगे हुऐ हैं। अब उल्टियाँ भी शुरू हो गई थीं। अम्माँ ने बौखला कर क़िब्ला हकीम साहब के पास आदमी दौड़ाया।

"गर्मी निकल रही है।'' क़िब्ला हकीम साहब ने फ़रमाया और कोई अरक़ दिया जिस से गर्मी निकलने में ज़रा कमी हुई मगर भैंसों बुख़ार चढ़ गया।

कई दिन अम्माँ बुलाती रहीं मगर वह न आईं। वह पहले ही क्या बहुत खाती थीं। चमारिन आ कर उनके लिए पतली खिचड़ी या सागूदाना ले जाती मगर वह हाथ भी न लगातीं। बस पानी पिए जाती थीं।

---

1. अन्तर्यामी।

हफ़्तों बाद आईं तो हमें ऐसा लगा, वह हमसे ज़रा दूर हो गई थीं। जैसे हम बच्चे ही रह गए और वो सयानी हो गईं। हम उनके गले में झूले तो तेवरा कर बैठ गईं।

"ई का मसकरी करत हो।" वो तुर्शरूई[1] से बोलीं गोया इससे पहले हम उनके गले का हार कभी न बनते थे। उनके कपड़े भी मसले हुऐ थे। बाल ख़ुश्क़ और उलझे हुए। पहले ही दुबली-पतली थी, अब इस झटके में और भी गई-गुज़री हो गईं। हम लोगों ने उनसे ढोल मढ़वा देने की बात की तो टाल गईं। अम्माँ ने उनके आगे मटर की फलियों की सीनी सरका दी, बैठी छीलती रहीं।

नानी बीवी और अम्माँ में ऊपर ही ऊपर इशारों में बातें हुईं। दोनों ने इत्मीनान का इज़हार किया। अगर बाक़ी की दो गोलियाँ और पहुँच गईं तो मरज़ का नामो-निशान बाक़ी न रहेगा।

''कहो बुआ, मियाँ से तो अनबन नहीं।'' अम्माँ ने टटोला।

"कोई हम झगड़ा करत हैं।" इसका मतलब झगड़ा चल रहा था। ''ऊ न जाने अपने को का समझत है। बड़ा आवा लाट साहब केर बच्चा।" वह जिज़बिज़[2] हो गईं। नाचाक़ी[3] ज़रूर हो गई थी।

उनकी चमारिन कहीं पास के गाँव में ज़चगी[4] कराने गई हुई थी। वैसे वह रस्सियाँ बटा करती थी। साइड बिज़नेस के तौर पर ज़रूरतमन्दों[5] की हाजत[6] पूरी कर देती। अम्माँ ने रोक लिया कि रात यहीं रह जाओ।

---

1. चिड़चिड़ेपन से,
2. अप्रसन्न,
3. अनबन,
4. प्रसव,
5. इच्छुक,
6. इच्छा।

अम्माँ हल्फ़[1] उठाने को तैयार थीं कि हाशा[2] उन्होंने दूसरी ख़ुराक नहीं दी मगर दादी अम्माँ कहे जा रही थीं कि बहु और समधन में मिस्कौट हो रही थी। ज़रूर दवा दी गई जो कि तेज़ाबी बम साबित हुई। मारे इजाबतों[3] के बुआ ढेर हो गईं। रात को तो ऐसी ले-दे पड़ी कि अब्बा तक बात पहुँच गई। डाक्टर आया। उसने दवा दी मगर वह सुबह तक हल्कान होती रहीं। अब्बा ख़ूब गरजे कि हकीम साहब क़िब्ला की ख़ूब जूतेकारी होना चाहिए, बिल्कुल चौपट हैं। और अगर आइंदा किसी को दवा दी तो हथकड़ियाँ डल जाएँगी। दादी अम्माँ को कुछ इस कारे-ख़ैर[4] में दिलचस्पी नहीं लेने दी गई थी। नानी बीवी का केस था और वह ख़ुद मोरचे पर रहना चाहती थीं।

"ऐ बीवियो क्या हो रहा है?" दादी अम्माँ बहरी-भंड थीं। थोड़ी-थोड़ी देर बाद यह जुम्ला[5] दोहरा देती थीं।

''कुछ नहीं बहन होता क्या—तुम्हारा सर।'' नानी बीवी जुम्ले का पहला टुकड़ा ज़ोर से और आख़िरी निहायत चुपके से अदा करतीं। ''हमें तो भई कोई कुछ बतावे ही नहीं है।'' दादी अम्माँ बिसूरतीं। दोनों में हमेशा चलती ही रहती थी। समधनें भी थीं और रिश्ते में नन्द भावजें भी लगती थीं। मगर अस्ल निफ़ाक़[6] की बुनियाद दोनों के अक़ाइद[7] थे। नानी बीवी पक्की सुन्नत जमाअत और दादी अम्माँ शीआ। दोनों की छावनियाँ मुख़्तलिफ़ बरामदों में थीं। नानी

---

1. शपथ,
2. कदापि,
3. शौच,
4. भलाई का काम,
5. वाक्य,
6. फूट, दुश्मनी,
7. अक़ीदा का बहु., धर्म विश्वास।

बीवी के बरामदे में सुबह से अम्माँ आके बैठ जातीं। अम्माँ वह महवर[1] थीं जिनके गिर्द घर की दुनिया घूमती थी। ज़ाहिर है उनके बरामदे को ज़्यादा अहमीयत[2] हासिल हो जाती। अम्माँ दादी अम्माँ को सलाम करके इधर ही आ बैठतीं। क़ुदसिया ख़ाला के कमरे का दरवाज़ा उनके बरामदे में ही था। क़ुदसिया ख़ाला जो ख़ानदान का निहायत अहम अख़्लाक़ी[3] मस्अला[4] थीं। उनके दौरों से ख़ूब चहल-पहल थी। फिर शब्बीर मामूँ भी इधर ही आ के बैठते थे। और बच्चे तो वहीं होंगे जहाँ ग़ुल-ग़पाड़ा हो। दादी अम्माँ किलसती थीं। ददिहाल के नाते बच्चों को शीआ होना चाहिए था मगर नानी का सिक्का चलता था। वह उठते-बैठते सुन्नत जमाअत का प्रचार करतीं। अम्माँ की पुश्ती[5] हासिल थी। वह दादी अम्माँ का कहना न मानने पर मुस्कुरा कर डाँटतीं और हम शेर हो जाते। मगर नानी बीवी का कहना न सुनो तो हड्डियाँ तोड़ने के वादे किए जाते।

दोनों तरफ़ से हमें सिराते-मुस्तक़ीम[6] दिखा कर जन्नत में ले जाने की कोशिशें होती। एक कलिमा[7] दादी अम्माँ सिखातीं तो नानी अम्माँ सुन्नत जमाअत का कलिमा सिखातीं। गड़बड़ा कर हम दोनों की खिचड़ी बना देते और क़िबला हकीम साहब की तीर-ब-हदफ़[8] गोलियों का-सा असर होता। ज़ेहनी[9] जुल्लाब वाली कैफ़ियत थी।

---

1. धुरी,
2. महत्ता,
3. नैतिक,
4. समस्या,
5. समर्थन,
6. सीधा रास्ता,
7. धर्ममन्त्र,
8. उचूक,
9. मानसिक।

बहिश्त[1] के दरवाज़े की चाबियाँ ख़ल्तमल्त[2] हो जातीं और दोनों तरफ़ से कुफ़्र[3] के फ़तवे[4] मिलने लगते। नानी बीवी दादी अम्माँ की मजलिसों[5] की चोट पर मीलाद शरीफ़[6] करतीं। मिट्टी के सकोरों में नुकतियाँ मिलतीं। हम फ़ौरन कट्टर सुन्नी हो जाते। मगर जब दादी अम्माँ के बरामदे में झाड़-फ़ानूस पर से थैलियाँ उतारी जातीं और ख़िज़री रखी जाती तो हम क़तई उनके हो रहते। जब लरज़ती आवाज़ों में नौहे[7] पढ़े जाते तो हम काले कुर्ते पहन कर ख़ूब मातम करते। नानी बीवी धमोके लगातीं और रंग-बिरंगा कटका दे कर फुसलाना चाहतीं। मगर मुहर्रम शरीफ़ के महीने में दादी अम्माँ की पार्टी में रहना ज़्यादा मुफ़ीद साबित होता था। हमारे लिए उधर ही जन्नत के दरवाज़े खुल जाते जिधर तर माल ज़्यादा होते।

"क्यों री तू सुन्नन[8] है कि शीआ?" दादी अम्माँ अमूमन पूछा करतीं।

"शीआ।'' हम मुस्तैदी से जवाब देते।

"अरी रावज़ी है कि सुन्नत जमात।" नानी बीवी भी अमूमन मिठाई बाँटने से पहले पूछतीं। शुक्र है दोनों के कैम्प दूर-दूर थे और दोनों कुछ ऊँचा सुनती थीं।

बुआ के इलाज का सवाल काफ़ी तल्ख़ सूरत इख़्तियार कर गया। दादी अम्माँ ने अब्बा के कान भरे। उन्होंने कुछ कह दिया, उस पर अम्माँ ख़ूब रोईं।

---

1. जन्नत,
2. गड्डमड्ड,
3. धर्म की अस्वीकृति,
4. धर्मादेश,
5. करबला के शहीदों की शोकसभा,
6. हज़रत मुहम्मद के कथा की सभा,
7. उर्दू पद्य की एक प्रकार जिसमें करबला के शहीदों पर शोक प्रकट होता है,
8. सुन्नी का स्त्री.।

अब्बा की पेंशन का ज़माना क़रीब आ रहा था। ख़ुशहाली के ज़माने में दिल वसी[1] हो जाते हैं, अपनों पर प्यार आने लगता है। काल पड़ने पर महब्बत के सोते भी सूख जाते हैं। सारी उम्र अलल्ले-तलल्ले खर्च किया। अब चन्द साल में इस फ़ुज़ूलख़र्ची का इंतिक़ाम लेने की फ़िक्र पड़ी। कौआ बोलता तो दम निकल जाता। अब आने वाला है कोई मेहमान। हमारे घर रोज़ ही कौआ बोला करता। कभी ददिहाल वाले चले आ रहे हैं तो पलड़ा बराबर करने के लिए ननिहाल वाले क्यों चूकते। फूफियाँ, चचियाँ, ताइयाँ शौहरों और बच्चों के साथ आतीं तो मामूँ ख़ालाएँ भी कुनबे लेकर आ जातीं। मेहमान दो मोरचों में बट जाते। दस्तरख़्वान लगते। जासूस छोड़े जाते, देखकर इत्तिला दो कि मुख़ालिफ़ पार्टी के साथ तर-ब-तर रिआयतें तो नहीं हो रही हैं। अमूमन ननिहाल पार्टी ज़्यादा भारी पड़ती थी क्योंकि अम्माँ उनके कैम्प में होतीं। अब्बा को पार्टी पॉलिटिक्स में पड़ने की फ़ुर्सत ही नहीं थी। वैसे भी वह कमाते थे, अम्माँ ख़र्च करती थीं। अब्बा की वही पोज़ीशन थी जो आजकल अमेरिका की है। उनको सब ही मसका लगाते थे। ख़्वाह किसी पार्टी से तअल्लुक़ हो। अब्बा तो न्यूट्रल थे, दोनों का मान करते।

सिर्फ़ चचा मियाँ थे जो दोनों पार्टियों में तड़ाई करवाने की ताक में रहते। अम्माँ जान कि ददिहाल वालों की ज़्यादा ख़ातिर करतीं मगर ऐसे कि साफ़ ग़ैरियत[2] की बू आती। अगर कोई खाना कम होता तो ब-आवाज़े-बलंद[3] इसका एलान करतीं।

---

1. उदार,
2. परायापन,
3. ऊँची आवाज़ से।

"उधर भिजवा दो, हम लोग तो चटनी-अचार से भी खा लेंगे!"

मगर चचा मियाँ नम्बर एक काइयाँ, वह ननिहाल पार्टी के साथ खाना खाते, उस नायाब खाने के साथ जो कम पड़ गया होता। फिर जा कर ददिहाल पार्टी के सामने कहते :

"भई, आज कलेजी-गुर्दे लाजवाब पके थे।" कलेजी गुर्दे कहीं नहीं पके थे।

"ऐ है, कितने दिनों से जी कर रहा है। ज़रा से इधर न भेजे, सब उधर ही ज़हर मार कर लिए।"

फिर दूसरे दिन जब कचहरी से लौट कर अब्बा उन्हें सलाम करने जाते तो वह फ़ौरन कलेजी-गुर्दे की शिकायत करतीं। अब्बा अम्माँ से कहते :

"भई, कलेजी-गुर्दे उधर क्यों न भिजवाए।"

''लो और सुनो! ऐ कलेजी-गुर्दे कब पके थे?'' अम्माँ बिगड़ खड़ी होतीं।

"ऐ मैंने अपनी आँखों से देखा, बकरीदन डोंगा भरके ले गई।" चचा मियाँ का भरोसा करके दादी अम्माँ क़सम खातीं। ख़ूब हल्फ़[1] उठते, ईमान बीच में घसीटे जाते। फिर चचा मियाँ को बुलाया जाता। वह मासूम सूरत बना लेते। ''कैसे कलेजी-गुर्दे! भई कितनी बार कहा कि चावलों के साथ तरबूज़ नहीं होना चाहिए। मेरे गुर्दे में बेकली हो रही है। दर्द शुरू हो गया तो...'' चचा बात पलटते।

"उधर कलेजी-गुर्दे खाए तुमने?'' ताई अम्माँ डट जातीं।

"कब? भई हमें नहीं दिए यह ज़्यादती है। तर माल पकते हैं और लोग डकार जाते हैं।" किसी की कुछ समझ में न आता कि

---

1. शपथ, सौगन्ध।

क्या झगड़ा है। एक दूसरे की गवाहियाँ दिलवाता। फिर कोई दुखी दिल रो पड़ता। उधर से जवाब में कोई शुरू हो जाता। पुराने ज़ख़्म ताज़ा किए जाते।

"मैंने ज़रा चूहेदंतियाँ[1] मँगवाईं तो साफ़ टाल गईं।"

"वह ज़ोर का तमाचा मारा निगोड़े को कि पूरा पंजा उतर आया।"

"ऐ बहन अपनों की बात और है..."

"हाँ भई हम तो दुश्मन हैं।"

जब ख़ूब सब हलकान हो जाते तो चचा मियाँ सबको डाँटते :

"क्या कुंजड़ों-क़साइयों की तरह लड़ा जा रहा है। यह भी कोई शराफ़त है। ...वल्लाह बोटी-बोटी पर कुत्तों की तरह लड़ाई होती है।"

उनके डाँटने पर सब थके-हारे नादिम[2] हो कर सो जाते। ददिहाल वाले ख़ुश थे कि ननिहाल पार्टी पर बुआ के बारे में जूते पड़े। बुआ बहुत बीमार पड़ीं। तीसरी ख़ुराक की नौबत ही न आई। दूसरी ख़ुराक ने उन्हें किसी काम का न रखा। अगर क़ैस[3] को क़िब्ला हकीम साहब की तीन ख़ुराक़ें दे दी जातीं तो यक़ीनन वह मजनूँ न बनने पाता, न उस में सहरा-नवर्दी[4] का दम रहता, न लैला-लैला पुकारने की कलेजे में ताक़त रह जाती। हज़रत इश्क़ की चौकड़ी भूल जाते।

---

1. एक प्रकार की पहुँची (आभूषण),
2. लज्जित,
3. अरब का एक प्रेमी, मजनूँ,
4. जंगलों-जंगलों मारा-मारा फिरना।

बुख़ार उतरने के बाद भी कई दिन बुआ के मुँह से मारे नक़ाहत[1] के बात न निकलती थी क्योंकि दूसरी ख़ुराक फ़िल-बदीह[2] कारगर[3] साबित हुई थी, इसलिए वह हमारे यहाँ ही थीं। वह दिन-रात ख़ामोश आँखें मून्दे पड़ी रहतीं। गए हवास[4] वापस लौट आए थे और काफ़ी समझदार हो गई थीं। उनकी चमारिन जाके बैठ रही थी। अम्माँ उनके बेइंतिहा[5] लाड करतीं। अपने हाथ से शोरबा बना कर देतीं, मगर वह मुँह बनाए पड़ी रहतीं। बड़ी ख़ुशामदों से दो-चार घूंट पी लेतीं तो उल्टी हो जाती या फिर बैतुलख़ला[6] के पास खाट पड़ जाती। उनका मे'दा[7] मुस्तक़िल[8] ख़राब रहने लगा। बग़ैर दवा के ही गर्मी निकला करती।

"कहाँ चली गईं बुआ?'' हम कभी-कभी सोचते। वह अकड़ती हुई मग़रुर बुआ। बच्चों के साथ जामुनें झाड़ती, खेतों से ख़रबूज़े और ककड़ियाँ चुराती, हमारी पागल बुआ! अल्लाह ने उन्हें अक़्ल क्यों वापस दे दी। वह हँसना भी भूल गईं।

और गाना? दूसरी .ख़ुराक के बाद उनका गला बैठ गया।

अल्लाह, अब वह कभी नीम के पेड़ में झूला डाल कर सावन और कजरियाँ नहीं गाएँगी?

अम्माँ उनकी मुख़्तारे-आम[9] बन बैठी थीं। उन्होंने उनका मकान किराये पर उठा दिया और बुआ मुस्तक़िल हमारे यहाँ रहने

---

1. निर्बलता,
2. तुरन्त,
3. गुणकारी,
4. होश,
5. बेहद,
6. शौचालय,
7. पेट,
8. लगातार,
9. जिसे सारे अधिकार प्राप्त हों।

लगीं। चमारिन वापस लौटी तो मातम करती बुआ के पास आई। बुआ की सेहत निस्बतन अच्छी थी। बैठी भुरते के लिए उबले हुऐ आलू छील रही थीं। सरदियाँ शुरू हो गई थीं, इसलिए ज़्यादातर वह बावर्चीख़ाने में ही बैठी रहतीं। एक ज़माना था जब कड़कड़ाते जाड़ों में बुआ एक हल्की-सी दोहर ओढ़े रातों को घूमती फ़िरती थीं, मगर जब तो उनमें गर्मी थी। अम्माँ ने चमारिन को डाँटकर भगा दिया, बुआ चुप गर्दन मोड़े बैठी थीं। मकान का किराया जमा करके अम्माँ ने बुआ के लिए कड़े बनने को दिए थे। जब कड़े बन कर के आए तो बुआ ने सोने के शेरों के मुँह वाले कड़े उलट-पलट कर देखे और वापस दे दिए।

"रख लियो।"

"ऐ हाथ में डाल के तो देखो।" नानी बीवी ने ज़ोर दिया।

"नाहीं भाई। कड़े पहनने का कौन मौका है।" वह तुर्शी[1] से बोलीं। अब तो बुआ मौक़ा-महल[2] भी पहचानने लगी थीं।

"देखो, कौन कहेगा कि यह निगोड़ी पागल थी। कैसा ठहराव पैदा हो गया है मिज़ाज में।" नानी बीवी उनके मरघिल्लेपन को ठहराव कहती थीं।

बाले मियाँ का कभी ज़िक्र भी नहीं करतीं। हम कभी पूछते। बुआ, मियाँ कैसे हैं? तो वह ऐसे अजनबी बन जातीं जैसे वह उनके कभी कोई न थे। उन्हें पहचानती तक नहीं। हम और छेड़ते।

"हमरा मगज न खाओ।" वह झल्ला कर कहतीं और अम्माँ हमें डाँटकर भगा देतीं।

"ऐहै इसे याद न दिलाओ मुए की। फिर बौरा जाएगी।" नानी बीवी डाँटतीं। मगर ख़ुद शरारत से छेड़तीं।

---

1. रुखेपन से,
2. अवसर।

"ऐ जान पड़ता है तुम्हारे ग़ाज़ी मियाँ तुम्हें भूल गए।" बुआ जैसे बहरी हों, गुम बैठी रहतीं।

सिर्फ़ एक दिन ज़रा उनकी तबीअत चौंचाल थी। बदपरहेज़ी न करें तो सब खाना हज़्म हो जाता था। अब वह घर का काम काफ़ी सँभाल चुकी थीं। हल्के-फुल्के काम से अब वह हांडी भी बधारने लगीं। पाँच सेर दो वक़्त आटा गूँधतीं। फिर रोटियाँ भी डालने लगीं।

"ऊ तो हरजाई है!" बुआ ने ज़रा तिनक के कहा। ज़रा जोश में आ गईं। नहा कर बैठी बाल सुखा रही थीं। कुछ-कुछ पुरानी बुआ-सी लग रही थीं। एकदम मरी-सी आवाज़ में गाने लगीं :

"हो राजा जी, सौतन के लम्बे लम्बे केस
उलझ मत रहना, हो राजा जी..."

उनके लहूजे का वह वसूक़ ग़ायब था। बाले मियाँ उनसे बेवफ़ाई कर गए थे या करने जा रहे थे। उन्हें अपने छिदराए हुए बाल देखकर सौतन के लम्बे केसों से डर लग रहा था।

"हो राजा जी...सौतन के गोरे-गोरे गाल" बुआ का साँवला-सलोना रंग मटियाला और गदला हो गया था। एकाएक बुढ़ापे की तरफ़ झुककर रह गई थीं। उठतीं तो घुटनों पर हाथ रखकर। वह तड़क-भड़क एक सिरे से ग़ायब हो गई थी। बाले मियाँ का प्यार तज कर वह लुंड-मुंड और उजाड़ होकर रह गई।

बचपन किसी का मातम नहीं करता। उन्हें घिसटता छोड़कर हम आगे बढ़ गए। क़ुदसिया ख़ाला पहले से बहुत बदल गई थीं। बजाय हर वक़्त हम लोगों की चीख़-पुकार की शिकायत करने के वह हमें ख़ुद बुला कर हमारे झगड़े चुकातीं, सबक़ याद करवातीं। सर्दी से फटे हुऐ हाथ-पैर पोंछकर वैसलीन लगातीं। या तो कभी वह

अधमुई पड़ी रहा करती थीं, कई-कई दिन कंघी न करतीं, कपड़े चिक्कट हो जाते, बदलने का ख़याल न आता। जिसका देखने वाला ही आँखें फेर ले तो वह सुहागन फिर किस के लिए सिंघार करे। सुहाग की मुरव्वत में दो-दो काँच की चूड़ियाँ ज़रूर डाले रहती थीं। लोग उनके सब्र और वफ़ा के क़िस्से महफ़िलों में सुना-सुना कर झूमा करते थे।

मगर एकदम उनमें बड़ी नर्म-ओ-नाज़ुक-सी[1] तब्दीली पैदा होना शुरू हुई। आँखें बन्द किए लेटे रहने के बजाय वह घंटों चहल-क़दमी करतीं। रंग भी कुछ निखर आया। शायद उस उबटन का असर हो जो उन्होंने क़िस्म-क़िस्म के मसाले कूट-छान कर तैयार किया था। नानी बीवी कभी उनकी चोटी करतीं तो भर-भर बुकट्टे बालों के उतरा करते थे। जब से उन्होंने शिकाकाई में बालछड़, छैल-छबीला और नागरमोथा मिलाकर सर धोना शुरू किया था, वाक़ई बाल चमकदार और मुलाइम हो गए थे। या शायद हमें इस लिए अब उनकी सब चीज़ें अच्छी लगती थीं कि वह हमें ख़ुदा की लानत की बजाय शरीर बच्चे समझने लगी थीं। पहले वह सुहाग का मान रखने के लिए दुपट्टा किसी भी ऊदे-पीले रंग में डुबोकर अलगनी पर सुखा लिया करतीं थीं। अब जब से आगरे से छब्बीस की मलमल का थान मंगवाया था, निहायत सूफ़ियाने रंगों के दुपट्टे रँगे जाते, बिल्कुल मौसम के हिसाब से जोड़े बना कर लचका टाँका जाता। मुहर्रम के लिए सब्ज़, सावन के लिए लहरियेदार पचरंगे दुपट्टे रंगे जाते, हम बड़ी ख़ुशी से उनके लिए लोटों में पानी भर-भर के लाते। उनके अफ़्शाँ लगे दुपट्टे धूप में उलार-उलार कर सुखवाते और ढेरों-ढेर खिली कलियाँ लाकर उनके तकिये पर ढेर कर देते। उनकी बालियों में कलियाँ पिरोकर गीले कपड़े में लपेट कर सुराहियों के पास रख

देते। शाम को वह नहा-धोकर धीमे-धीमे रंग के कुरकुरे ग़रारे और चिकन की क़मीस पर चुने हुऐ दुपट्टे ओढ़तीं, फूल भरी बालियाँ पहनतीं और ख़ला में देखकर ऐसे मुस्कुरातीं जैसे उनके भी कोई ग़ाज़ी मियाँ खड़े उनसे छेड़खानी कर रहे हों। उनके बदले हुए रंग-ढंग देखकर घर की ज़िम्मेदार ख़वातीन[1] कुछ मुतफ़क्कर[2] रहने लगी थीं। ख़ाला को दौरे पड़ते थे, वह तो बर-हक़[3] थे। हर बदनसीब मियाँ की ठुकराई औरत का यही मश्ग़ला हुआ करता है। मगर सोलह सिंघार करके हार-फूल पहनना उस औरत को ज़ेब नहीं देता जिसका ख़ुदा-ए-मजाज़ी[4] उस से रुठ चुका हो। अब तो बस अल्लाह का शुक्र करके जो फटा-पुराना मिले तन ढाँक लिया जाए और रूखी-सूखी से पेट की दोज़ख़[5] बुझाई जाए। दुनिया देखेगी ये चोंचले तो क्या कहेगी? यक़ीनन जनम में थूकेगी।

ये तेल-फुलेल, फूल-पान दिल में फ़ासिद[6] ख़यालात को भड़काते हैं। शैतान को शह[7] मिलती है।

“ऐ क़ुदसिया, तेरा जी कुछ भारी हो तो हकीम साहब को बुलवाए लेती हूँ।” नानी बीवी उनकी तन्दरुस्ती से ख़ाइफ़[8] होकर कहतीं।

“नहीं तो अम्माँ बी। अच्छी-भली हूँ।” क़ुदसिया ख़ाला चोरों की तरह नज़रें बचातीं।

---

1. महिलाएँ,
2. चिन्तित,
3. सच्चा,
4. पति,
5. नरक,
6. बिगाड़ पैदा करनेवाला,
7. मदद,
8. भयभीत।

"सुबह पड़ी ऐंडती रहीं। फ़जर[1] की नमाज़ क़ज़ा कर दी।"

"क़ज़ा पढ़ ली अम्माँ बी।"

"वही तो मैं कहूँ हूँ, ये रात-रात भर अल्लम-ग़ल्लम[2] न जाने क्या बला बदतर पढ़ती रहती हो। फ़जर की नमाज़ मिले तो कैसे?"

क़ुदसिया ख़ाला आए दिन नॉवलों के वी.पी. छुड़ाती रहतीं। क्या मजाल जो किसी को दिखाएँ। जैसे ही कोई आता, चट तकिये के नीचे छुपा लेतीं।

"ऊई ये छपके क्यों पहने गए।" कभी क़ुदसिया ख़ाला हाथ गले में कोई ज़ेवर डाल लेतीं तो नानी बीवी का मुँह बिकस जाता! निहायत फ़िक्रमंद होकर पूछतीं।

"ऐसे ही। हमारा जी करा।" क़ुदसिया ख़ाला कानों में छपके झुलाकर मुस्कुरातीं।

"ऊई मुआ जी न हुआ वो हो गया।" नानी बीवी बड़बड़ातीं। ''या तो हर वक़्त मातम किया करती थीं। डंडा से हाथ, बूचे कान लिए फिरतीं—हाए किन अरमानों से बनवाए थे ज़ेवर। निगोड़ी को पहनने भी न नसीब हुए। ऐ क़ुदसिया, ईद-बक़रीद तो कुछ पहन लिया कर।"

"किस के लिए पहनूँ बी अम्माँ।" क़ुदसिया ख़ाला आह भर के जवाब दिया करती थीं। मगर ये ज़माना-ए-माज़ी[3] की बातें थीं। मगर अब—नहीं जी, आसार बिल्कुल अच्छे नहीं थे। ये रात-रात भर वाही-तबाही ख़ाक पड़ी किताबें पढ़ना। ठंडी आहें भर-भर के सेहन[4] का फ़र्श नापना और आस्मान देख-देख कर आप ही आप

1. सुबह की नमाज़,
2. अतीत काल,
3. लक्षण, लच्छन,
4. आँगन।

मुस्कुराना। ख़ानदान पर मर मिटने वाली बेटियों के ये लच्छन नहीं हुआ करते। ये सूखे हुए ठूँठ में कोंपलें क्यों फूट रही थीं।

नानी बीवी ने तो अब क़ुदसिया के दूल्हा का दिल फेर देने की दुआ माँगना भी नाग़ा कर दी थीं। दूल्हा तो ख़ाक भी न आए। हाँ शब्बीर मामूँ पाबन्दी से आते। हमें तो ऐसा लगता था वह दिन-ब-दिन लम्बे से लम्बे होते जा रहे थे। ऐसा लगता जैसे बाज़ीगरों की तरह पैरों में बाँस बाँध लिए हैं।

वह आकर बहुत दूर बेतअल्लुक़[1] हो कर बैठ जाते। क़ुदसिया ख़ाला भी अनजान बनी बार-बार दुपट्टा सँभालतीं, वह और भी मचलता। गिरेबान के सोने के बटन बोझल होकर धँसने लगते। अब उन्हें एक-दूसरे को देखने के लिए आँखें इस्तेमाल करने की ज़रूरत न थी।

फिर वह हम में से किसी को उकसातीं, "शब्बीर मामूँ से कहो "सरकार मदीने वाले" सुनाएँ।"

हमें "सरकार मदीने वाले" से "आँखों का था क़ुसूर छूरी दिल पे चल गई" ज़्यादा पसन्द था। मगर ख़ाला को ख़ुश करने के लिए शब्बीर मामूँ के पीछे पड़ जाते।

"इधर बिठाओ मोंढ़े पर।" वह शह देतीं और हम उन्हें ला कर मोंढ़े पर बिठा देते। वह सुनाना शुरू करते तो हम बोर हो कर जाना चाहते मगर ख़ाला हमें पकड़ लेतीं। चुपके-से कानों में गाजर के हलवे और मूँग की दाल की पींडियों की रिश्वत का हवाला देकर वह हमें मजबूर कर देतीं। जैसे उनके दिल में कोई चोर था। अकेली उनके पास बैठते डरती थीं। हम साथ होते तो मौक़ा अच्छा मिलता था। दोनों न जाने क्या एक दूसरे से कहते, अपने कुछ पल्ले न

1. निस्संकोच।

पड़ता। जाने किस बात पर क़ुदसिया ख़ाला हँसने लगतीं और हँसे जातीं। हम भी साथ हँसने लगते। बच्चों को हँसने के लिए वजह मालूम करने की ज़रूरत नहीं होती। ख़ाला का रंग निखर आता और फूलों भरी बालियाँ गालों को चूमतीं। सब को हँसता देखकर शब्बीर मामूँ की आँखों में भी मोती भर जाते। बेरौनक़ होंट जाग पड़ते।

"ख़ाँ-मख़ाँ[1] ही को हँस रही हो पागली!" वो इतने चुपके से मुँह ही मुँह में कहते मगर ख़ाला सुन लेतीं।

"आप चाहते हैं सदा रोती ही रहूँ।"

"नहीं क़ुदसिया! मैं...मैं तो चाहता हूँ..." वह हकलाने लगते।

"किसे चाहते हैं?" क़ुदसिया ख़ाला उनकी बात बीच से लपक लेतीं और अपने मतलब की बना लेतीं।

"क़ुदसिया..." बुड़बुड़ मामूँ न जाने क्या कहते। ख़ाक समझ में न आता। हम अहमक़ों[2] की तरह मुँह तकते।

"बुड़बुड़..." क़ुदसिया ख़ाला न जाने क्या कहतीं. अपनी कुछ समझ में नहीं आता। मगर इतना अन्दाज़ा हो जाता कि निहायत मीठी और प्यारी बातें हो रही होंगी। उनके चेहरों के तास्सुर[3] से हमारे दिलों में भी लड्डू फूटने लगते। बच्चे बहुत सी अनकही बातों का मतलब समझ लेते हैं, महसूस कर लेते हैं। हम खिलखिला कर हँसते, उन्हें आड़ मिल जाती!

"झूटे! खाइए मेरी जान की क़सम।"

"कोई अपनी जान की क़सम कैसे खाए!" वह इतने हौले से कहते कि बहरी भण्ड नानी बीवी ख़ाक न सुन पातीं। दादी अम्माँ

---

1. ख़्वाह-मख़्वाह : बिना कारण,
2. मूर्खों,
3. भाव।

का मोरचा ज़रा परे को था। फ़रीक़ैन[1] में आजकल ज़ोर की चल रही थी। दादी अम्माँ ने मज्लिस की मिठाई भिजवाई।

"निगोड़ी क़ुल्लतैन[2] होगी।" नानी बीवी कहती थीं। "शीआ थूक और ग़िलाज़त[3] मिला देते हैं।" उन्होंने सबके सामने नुकतियों के लड्डू बत्तख़ों को चुगा दिए। दादी अम्माँ ख़ून के से घूँट पी के रह गईं। मगर जब नानी बीवी ने सहारनपुर से आई हुई पार्सल में से उन्हें लोकाट भिजवाए तो उन्होंने फ़ौरन मेहतरानी[4] को दे दिए।

"अरी बहू[5] धो लीजियो!" उन्होंने नानी बीवी को जलाने के लिए ब-आवाज़े-बुलन्द मेहतरानी को राय दी।

फिर न जाने क़ुदसिया ख़ाला क्या बिसूरतीं, फ़िज़ा मुकद्दर[6] हो जाती। ख़ाला आँखों में आँखें डालने पर मुसिर[7] होतीं। शब्बीर मामूँ मुजरिमों की तरह फ़र्श की ईंटों को इस इन्हिमाक़[8] से घूरते जैसे ज़रा नज़र चूकी तो वह उछल कर भागने लगेंगी।

शाम हो जाती, शब्बीर मामूँ उठकर चले भी जाते मगर ख़ाला की आँखों में रौशन शम्एं जगमगाती रहतीं। होंट मुस्कुराते रहते। जैसे कभी बुआ बाले मियाँ को देख कर आप ही आप बड़े नाज़ो-अन्दाज़ से मुस्कुराया करती थीं। जब उनकी बाले मियाँ से अनबन नहीं हुई थी। मगर अब तो बुआ की आँखें ख़ाली हो चुकी

---

1. दोनों गुटों,
2. अपवित्र,
3. गंदगी,
4. भंगिन, मैला उठानेवाली,
5. भंगिन (सफ़ाई कर्मचारिन) को 'बहू' कहा जाता है,
6. गम्भीर,
7. आग्रही,
8. एकाग्रता।

थीं, जैसे बिना तेल के बत्तियाँ धुआँ दे रही हों। अजब बासीपन छाया रहता। इलाज हुए काफ़ी अरसा हो चुका था मगर मालूम होता था हकीम साहब क़िबला की गोलियाँ उनके मे'दे में चिपक गई थीं। आए दिन पेट ख़राब रहता, खट्टी डकारें आया करतीं। बुआ जो कभी चिड़िया की ज़बान और रोटी का फ़फोला खाया करती थीं अब भर-भर रकाबी[1] मकई का भात और अरहर की दाल खातीं, और दिन भर खट्टी डकारें लिया करतीं। नींद का जैसे मरज़ हो गया था। जब देखो जब मुँह खुला है, किसी चीज़ का सहारा लिये चुप-चुप सो रही हैं। जब पागल थीं तो नींद नहीं आती थी अब तो मज़े से हर वक़्त ऊँघती थीं। होशियार भी ख़ासी हो गई थीं। रोज़ किराएदारों से जा कर दंगा करतीं।

''हरामजादे करावा नाहीं देत हैं। हर कोई हनका लूटे की फिकर में रहत है।'' बुआ ने होश आते ही देखा कि दुनिया लूटेरों और चोरों से भरी पड़ी है। जैसे उनकी आँखों में किसी ने जादू की सलाई फेर दी हो। चौदह तबक़[2] रौशन हो गए। मकान चू रहा है। मरम्मत किस से करावें, राज मज़दूर चोर होते हैं, मूंड के रख देंगे। कड़ों के बाद शेर के मुँह वाली हँसली भी गढ़वा ली और फ़ौरन अम्माँ के पास ला कर लोहे के सेफ़ में रखवा दी, फिर भी इत्मीनान न होता था। हर वक़्त कड़े हँसली की ख़ैरियत पूछतीं।

''भाई ताली तो ठीक से रखी है?''

कहीं आस पास चोरी हो जाती तो बुआ पर क़यामत टूट पड़ती। फ़ौरन अम्माँ से सेफ़ खुलवा कर इत्मीनान करतीं। हमें अब वह अपनी प्यारी बुआ नहीं, दूसरी बेवक़ूफ़ औरतों की तरह लगती

1. छोटी थाली,
2. तल।

थीं। पुराने तअल्लुक़ात बिल्कुल ज़ेहन से उतर गए थे। अब उन्हें मसाला पीसते, चूल्हा झोंकते देख कर चिढ़ सी आती। अब तो हम उनके साथ सोने की ज़िद्द भी हिमाक़त समझते थे। उनमें ताज़ा खुदी मिट्टी की सोंधी महक के बजाय लहसुन प्याज़ और बासी खानों की सड़ाँध आती थी।

क़ुदसिया ख़ाला और खुल गईं। नानी बीवी सर गईं पैर आईं मगर उन्होंने दवा न पी और खुले बंदों शब्बीर मामूँ से मीर[1] का कलाम पढ़ने में मदद लेने लगीं। शाम होती, अस्र की नमाज़ के बाद जैसे ही क़ुदसिया ख़ाला बायीं तरफ़ सलाम फेरतीं, तिलिस्मी[2] देव की तरह शब्बीर मामूँ सदर दरवाज़े पर नमूदार हो जाते। वह समझाते और ख़ाला समझतीं। दोनों की आँखें झुकी रहतीं। चेहरे अजनबी बने रहते। कभी लम्हा भर को आँखें जुड़ जातीं तो हमारे दिलों में बे समझे-बूझे हलचल सी मच जाती, जैसे आस्मान पर रंग-बिरंगी पतंगों में पेंच पड़ गए हों।

जब हम बच्चे समझने लगे तो नानी बीवी तो एक ख़ुर्राट थीं। उधर से दादी अम्माँ की मानी-ख़ेज़[3] नाक़िदाना[4] मुस्कुराहटें।

"ए बी कुछ ऐसी-वैसी हो जाए तो नाक तो साहिबे-ख़ाना[5] की कटती है।" वह बदबूदार पठानी से पैर दबवाते वक़्त उसे बारीक-बारीक फ़लसफ़े के नुकात[6] समझाया करती थीं। बिल्कुल

1. उर्दू के मशहूर शाइर,
2. जादुई,
3. अर्थपूर्ण,
4. आलोचनीय,
5. घर का मालिक,
6. पते की बातें,
7. राजनीति।

जैसे आम सियासत[7] पर तन्क़ीद[1] हो रही है। "किसी की तरफ़ इशारा हो तो ख़ुदा की फिटकार। वैसे अगर कहीं पानी मरता हो तो वह क्या करें।"

नानी बीवी सुनतीं और फिर फड़फड़ातीं।

"अल्लाह ज़री इमली तोड़ दीजिए, चटनी पिसवाएँगे?" क़ुदसिया ख़ाला गिरेबान के बटनों से खेल रही थीं। शब्बीर मामूँ आकर बैठे ही थे।

"काहे से तोड़ूँ। कोई बाँस-वाँस।"

"ऊई! माशा अल्लाह आप क्या किसी बाँस से कम हैं। ज़रा हाथ बढ़ा के तोड़ लीजिए।"

एक पल के लिए शब्बीर मामूँ की आँखों में कौंधा सा लपका। ऐसा लगा वह ज़िन्दा हैं और अगर आसपास कोई न होता तो यक़ीनन वही हरकत किया करते जो मंझू बी का मंगेतर उसे अकेले-दुकेले भेज के किया करता था।

काले देव ने क़ुदसिया ख़ाला की गदर्न काट के सिरहाने की छड़ी पायँती और पायँती की सिरहाने रख दी थी। उन की गर्दन से ला'ल[2] टपक-टपक कर शब्बीर मामूँ की झोली में गिर रहे थे। मगर वह बेबस थे क्योंकि देव ने जादू की छड़ी घूमा कर उन्हें मक्खी बना दिया था। अगर उन में इतनी सकत[3] होती और वह आगे बढ़ के पायँती की छड़ी सिरहाने रख देते तो क़ुदसिया ख़ाला का कटा हुआ सर फ़ौरन जुड़ जाता।

शब्बीर मामूँ के जाने के बाद नानी बीवी ने क़ुदसिया को उनकी शोख़ी पर फिटकारा।

---

1. टिप्पणी,
2. माणिक,
3. सामर्थ्य।

“तो क्या मैंने कोई छिनाला कर लिया।” वह एकदम फुंकार के उठ बैठी।

“है-है नामुराद, लोग क्या कहेंगे। माना कि शब्बीर बड़ा शरीफ़ बच्चा है। ग़ैर नहीं रिश्ते में देवर होता है। मगर यह दुनिया बड़ी थुड़दिली है। बात का बतंगड़ बनते देर नहीं लगती मेरी बन्नो।”

“जूती पे वारूँ इस दुनिया को। दस बरस से जो जवानामर्ग मुझे रुला रहा है। उसे दुनिया कुछ नहीं कहती।”

“सच है लड़कियों को उलटी-सुलटी किताबें नहीं पढ़ानी चाहिएँ। ज़माने भर का बिस भरा होता है। बेटी वह मर्द ज़ात है। उसका कोई क्या बिगाड़ सकता है। औरत की इज़्ज़त नाज़ुक आईना होती है। एक दफ़ा बाल पड़ गया तो सारी उम्र को मुँह टेढ़ा ही दिखाई देगा।”

“ऊँह।” क़ुदसिया ख़ाला लाजवाब हो कर अपनी क़मीस से मैच करती चूड़ियाँ डिब्बे में से छाँटकर पहनने लगीं।

“मेरे तो गिरिधर गोपाल...दूसरा न कोई...”

वह गुनगुनाने लगीं।

“अब तो बेल फैल गई, क्या करेगा कोई।
मेरे तो...”

“ऐ बेटी तुम से कितनी दफ़ा कहा कि ये मुए काफ़िराना गीत न अलापा करो। गुनाह होता है। ज़ुहर की नमाज़ भी खा गईं। कितना-कितना जगाया मगर पड़ी ऐंडती रहीं। रतजगे होंगे तो दिन को चमगादड़ों की तरह पड़ के सोओगी।”

वह तिनक कर उठीं कि दुपट्टा ज़मीन पर लोट गया और गिरेबान के बटनों के घुँघरू बज उठे। लोटा लेकर चौकी पर वुज़ू को बैठ गईं।

नानी बीवी क्या सब ही भली बीवियों को तन-तन के चलने वाली लड़कियों से चिढ़ थी। शरीफ़ बच्चियाँ रसान-रसान अदब से चलती हैं। क़ुदसिया ख़ाला की नई-नई फुरती देखकर नानी बीवी को झटके से लगते थे।

"ए बी, यह क्या चाल है, जैसे लक़्क़ा कबूतरी। अगाया पिछाया बाहर को निकला पड़ता है।"

क़ुदसिया ख़ाला के मुँह लगना अपनी जूती अपने सर मारना है। उन्होंने अम्माँ से मिस्कोट की।

"यह शब्बीर मुआ जान के पीछे अच्छा लगा है। कितनी दफ़ा मुग्धम में टोक चुकी हूँ। मगर जानो वह भी क़ुदसिया की शह पा के ढिटाई पर तुल गया है। मुझे तो ख़ल्जान[1] हुआ जाता है।"

"ए बी तुम्हें तो ख़ब्त हो गया है। और कुछ नहीं तो शब्बीर निगोड़े पर शक आने लगे। दो घड़ी दुखिया हँस बोल लेती है। जीने का कोई तो बहाना चाहिए।" अम्माँ अच्छे मूड में होतीं तो नानी बीवी टूटने लगतीं।

"ऐ ख़ाक पड़े ऐसे जीने पर। क्या इरादे हैं? तुम भी बहन के टिसवे देख के फिसली जाओ हो।"

"मैं कहूँ अगर ऐसा हो जाए तो क्या बुराई है?" अम्माँ ने ठिठकते हुए कहा।

---

1. चिन्ता।

"मतलब क्या है तुम्हारा?"

"मच्छू कह रहे थे, उन्होंने एक अपने दोस्त वकील से मश्वरा किया था। वह कहते है..." चचा मियाँ का नाम मुस्तक़ीम था मगर प्यार से मच्छू कहलाते थे। मुस्तक़ीम के मानी हैं सीधा, मगर चचा मियाँ की कोई कल सीधी न थी। इन्तिहा से ज़्यादा ऐंगे-बेंगे थे।

"आग लगे ख़ुदाई-ख़्वार के मुँह में। रंडियों के टुकड़ों पे पलने वाला मुआ भड़वा।" नानी बीवी ने चचा मियाँ की क़ब्र खोद डाली। जो निहायत ज़िंदा मोंढ़े पे बैठे क़ुदसिया ख़ाला से सर में तेल लगवा रहे थे।

"ऐ है, मैं कहूँ..." अम्माँ हकलाईं।

"ख़बरदार जो तुम ने इस मामले में ज़बान खोली। क्या बहना को दूसरा ख़सम कराओगी?"

"ऐ ग़ारत हो।" हमें ग़ौर से इस क़दर राज़ की बातें सुनते पाकर अम्माँ ने एक धमोका जड़ा।

क़ुदसिया ख़ाला इन बातों से बेख़बर चचा मियाँ के कुछ पूछने पर शर्मा रही थीं। उनके सफ़ेद गाल तमतमा कर गुलाबी दूपट्टे में डूबे जा रहे थे कि टाट का पर्दा सरका और शब्बीर मामूँ ग़ोता मार के अन्दर आए। वह हर दरवाज़े से अपना सर बचाने के लिए सर निहुड़ा लिया करते थे। फ़िज़ा एकदम साँस रोक के थम गई। अम्माँ ने अपना बड़े पायँचों का पाजामा तह कर के कमर में अड़सा और रामझोल छनकाती चलीं। अब्बा की टमटम की घंटी की आवाज़ दूर ही से आ जाती थी। वह क्लब से लौटकर बाहरी ज़ीने से ऊपर चले जाते। बिल्कुल मीर-ए-क़ाफ़ला की तरह वह सब से अलग-थलग सुकून से ऊपर की मंज़िल में रहते थे। अम्माँ छन्न-छन्न करती अपना पिंड छुड़ा के पति सेवा करने चली गईं और नानी बीवी ने

मोरचा सँभाला। चचा मियाँ भी अमूमन टमटम की घंटी सुन के सरक लिया करते थे। गम्भीर तबीअत वाले बड़े भाई से उन की रूह फ़ना होती[1]। हत्तल-इम्कान[2] कन्नी काट जाते कि कहीं किसी बात की पूछ-गच्छ के लिए तलबी न हो जाए। बातें वह ऐसी करते थे कि पूछ-गछ के झमेले में न पड़ने ही में ख़ैरो-आफ़ियत[3] थी।

शब्बीर मामूँ ने किताबों का बंडल पलँग पर रखते-रखते कुछ मुँह ही मुँह में कहा। क़ुदसिया ख़ाला ने फुस्स-से कुछ जवाब दिया और वह दादी अम्माँ को सलाम करने उनके बरामदे में चले गऐ।

नानी बीवी उनकी ताक में ऐसे बैठी थीं जैसे चूहे के लिए बिल्ली। जैसे ही वह बरामदे में से ग़ोता मार के निकले उन्होंने दबोच लिया।

क़ुदसिया ख़ाला कुछ झेंपी-सी अब्बा के लिए खाना उतरवाने बावर्चीख़ाने की तरफ़ चली गईं। खाने के ख़्वान[4] चुने जा रहे थे। वह यह सोच के कि अम्माँ बी कोई .ख़ुशगवार राज़ की बातें शब्बीर से कर रही होंगी, आप ही आप गुनगुना रही थीं। ढोल मढ़ के आ गया था। वह चौकी पर बैठ के कड़ियाँ चढ़ाने लगीं। बुआ उकताई सी दीवार से लगी बैठी एक तरफ़ को थूक रही थीं। शायद अमलतास के मज़े को थूकना चाहती थीं। हर वक़्त जहाँ बैठतीं, थूके जातीं।

"अच्छी बुआ, ज़री वह नौटंकी वाले की गिटकिरी बताओ ना। निगोड़ा कैसे थाप मारता था।"

---

1. बहुत अधिक डरना, ऐसा लगे कि जान ही निकल गई,
2. यथासंभव,
3. भलाई,
4. थाल।

बुआ ने एक दफ़ा ढोल को ऐसे देखा जैसे पूछती हों, ''यह क्या बला है।" फिर मुँह फेर के थूक दिया।

''हाए बुआ तुम्हें बाले मियाँ की क़सम।" उन्होंने ढोल सरकाकर बुआ का हाथ पकड़ के खेंचा फिर एकदम छोड़ दिया।

"हाए बुआ तुम्हें तो बुख़ार है।" उनका माथ छुआ तो जल रहा था।

कई दिन से नानी बीवी चिल्ला रही थीं कि बुआ ने मेरा बरामदा गमका के रख दिया है, नाक नहीं दी जाती। ऐ भई, उनसे कहो अपने घर जा के रहवें। किराएदार तो भाग गया। दोनों वक़्त खाना यहाँ से पहुँचा दिया जाएगा। उन्होंने अम्माँ को चिढ़ाया। उनकी दिलचस्पी भी अब बुआ में ख़त्म हो चुकी थी। जो कुछ हो सकता था सब ने उनकी भलाई के लिए किया। अब्बा पेंशन की फ़िक्र में किफ़ायत-शिआरी[1] पर हर वक़्त ज़ोर देते। इस मेहमान-नवाज़ी[2] ने तो पस्त कर डाला था। हर मौसम, हर त्योहार, हर बहाने से मेहमान आन धमकते। पुर-तकल्लुफ़ खाने पकते। मौसम और त्योहार के एतिबार से जड़ावल या गर्मी के कपड़े बनवाए जाते। मेहमान बदहज़्मी[3] से बाल-बाल बचकर तुहफ़े समेटकर रुख़सत होते ताकि नए मेहमानों के लिए चारपाइयाँ ख़ाली कर सकें।

बुआ का मुस्तक़्बिल[4] काफ़ी सँवार दिया गया था। जी अच्छा नहीं रहता था तो इसमें किसी का क्या क़ुसूर। अला-बला ज़हर मार कर लेती थीं। उन का चमारिन से अर्सा हुआ, पीछा छूट चुका था।

1. बचत,
2. अतिथि-सत्कार,
3. अपच,
4. भविष्य।

वह एक दिन आई भी, देर तक बैठी उनके पैर दबाती रही, उनकी दुर्गत पर आँसू बहाती रही मगर फिर डाँट के भगा दी गई और पीपल के पेड़ के नीचे रहने लगी थी। भीख से गुज़र हो जाती होगी।

मगर अब मजबूरी थी। उर्स के मौक़े पर मंझू अपने ससुरालवालों के साथ आ रही थी। उस की सास बहू की गोद हरी होने के लिए मन्नत मानने आना चाहती थीं। इसलिए बुआ आरिज़ी[1] तौर पर अपने घर चली गईं। उनकी लाडली चमारिन फिर बरामदे में आके डट गई। तीन वक़्त चाय और खाना सीनी[2] में लग कर चला जाता। जी अच्छा होता तो वह खुद आ जातीं। कभी कई-कई दिन पड़ी रहतीं। नानी बीवी के बरामदे में जब से क़लई हुई थी वह बहुत मुहतात[3] हो गई थीं। इतनी साफ़ जगह अब बुआ को उठते-बैठते भी हिचकिचाहट होती थी। पहले आया करती थीं तो घर की बीवी से ज़्यादा उजले कपड़े होते थे तो साथ बैठती थीं। फिर मैली होने लगीं तो उन के आते ही सामने पीढ़ी या पीढ़ा सरका दिया जाता और वह बैठ जातीं। पीढ़ी न होती तो दहलीज़ पर बैठतीं, मेहतरानी, धोबन और दूसरी नीच औरतों की तरह। दादी अम्माँ किसी का झूल नहीं पालती थीं। उनके पास जाओ तो जी घबराने लगता था। हर वक़्त "हूँ-हूँ" काँखती रहती थीं। कभी रात को जाने की सकत न होती तो भैंस के छप्पर में आधी खटिया अन्दर आधी बाहर डालके पड़ रहतीं। गोबर और मुर्ग़ियों की बीट की बदबू में बुआ की बदबू दब जाती थी।

---

1. अस्थायी रूप से,
2. थाली,
3. सावधान।

शब्बीर मामूँ जो उस दिन नानी बीवी से बात करके गए तो जैसे ग़ायब ही हो गए। क़ुदसिया ख़ाला बौराई हो कर टहलतीं। सोने की तो उन्होंने क़सम ही खा ली। जब देखो करवटें बदल रही हैं। मारे फ़िक्र के नानी बीवी घुली जाती थीं।

सँझली का फिर नसीबा जागने वाला हो रहा था। उसकी होने वाली ख़लिया सास और देवरानी बाराबंकी से आई हुई थीं और ख़ातिरें वुसूल कर रहीं थी।

"ऐ इन्हीं के मियाँ ने मेम डाल ली है।" होने वाली देवरानी ने बड़े तास्सुफ़[1] से पूछा। क़ुदसिया ख़ाला उम्र में पहली बार बजाय फ़ख़्रिया[2] निढाल होने के निहायत भोंडेपन से हँसीं।

"हाँ बहन—मेम है हमारी सौतन। पर सुना है तुम्हारे मियाँ ने तो तेलन डाल ली है।"

---

1. खेद,
2. गर्व से।

बात दुरुस्त थी मगर बिल्ली के गू की तरह छुपाई जाती थीं। देवरानी फूट-फूट के रोने लगीं। वह चली गईं तो पता चला लड़का ज़रा काना है मगर सबको यक़ीन था कि यह वाली अड़चन संझू की शादी में क़ुदसिया ने डाली। हकीम साहब क़िब्ला से क़ुदसिया ख़ाला की सेहत के बारे में रुजू किया गया तो उन्होंने वही सौदावी[1] माद्दे[2] की इफ़रात[3] तशख़ीस[4] की! और वही नामुराद अमलतास वाला नुस्ख़ा, खून की हिद्दत[5] का वाहिद[6] इलाज।

नानी बीवी ने क़ुदसिया ख़ाला की एक न सुनी और अपने बरामदे में ईंटों का चूल्हा जमा के अपने हाथ से तिर्याक़[7] तैयार किया।

"बेटी 'अल्लाह शाफ़ी अल्लाह काफ़ी' कह के पी जाओ।" नानी बीवी ने उन्हें बादिया[8] थमा कर पीठ सहलाई। क़ुदसिया ख़ाला ने बड़े इत्मीनान से बादिया मोरी में ठीक उस जगह फेंका जहाँ एक दिन बुआ ने फेंका था।

"अल्लाह की मार हो तुझ पे, यह क्या कर रही है।" नानी बीवी चिल्लाईं मगर ख़ाला बड़े इत्मीनान से ढोल उतार कर उस पर वह बोल निकालने लगीं जो हाल ही में मेहतरानी से सीखे थे।

नानी बीवी ने जल के ढोल छीना तो वह ज़ोर से झटका उनका हाथ कि बड़ी बी गिरते-गिरते बचीं।

---

1. वात विकार,
2. पदार्थ,
3. प्रचुरता,
4. रोग का कारण,
5. गर्मी,
6. एकमात्र,
7. विष का नाशक,
8. कटोरा।

"तुम्हारे ऊपर बोझ बन गई हूँ तो मुझे ज़िन्दा दफ़्न करा दो, कुत्ते की मौत क्यों मारना चाहती हो। मैं यह ज़हर नहीं पियूँगी हरगिज़ नहीं पियूँगी!" आज ही उन्हें पता चला था कि उस दिन शब्बीर मियाँ को नानी बीवी ने बड़े सलीक़े से आने को मना किया था।

"तुम तो उसे बहन समझते हो मियाँ, मगर दुनिया बड़ी ज़ालिम है।" उन्होंने समझाया था और शब्बीर मियाँ समझ गए थे।

"तेरा दिमाग़ ख़राब हो गया है मुर्दार!"

"हाँ दिमाग़ ख़राब न होगा तो और क्या होगा। इनसान हूँ पत्थर नहीं। पन्द्रह बरस की उम्र में मुझे भाड़ में झोंक दिया। सुहाग की मेहँदी भी फीकी न पड़ी थी कि सात समन्दर पार चला गया। वहाँ उसे सफ़ेद नागिन डस गई। पर यह तो बताओ, मैंने क्या क़ुसूर किया था। किसी से दीदे[1] लड़ाए थे, किसी से यारी की थी?"

''तेरे फूटे नसीब बेटी। ख़ुदा की मर्ज़ी में किस को दख़्ल है।"

''मैंने ख़ुदा के हुज़ूर में कौन सी गुस्ताख़ी की थी कि मुझे यह सज़ा मिली और वह कमीना ऐश कर रहा है।"

"बदनसीब, शौहर को कमीना कहते शर्म नहीं आती...वह तेरा ख़ुदाए-मजाज़ी[2] है।"

"लानत हो उस की सूरत पे। लुच्चा ज़माने भर का।" क़ुदसिया ख़ाला और बढ़ीं।

---

1. आँखें,
2. लौकिक।

"अरी कम्बख़्त तुझे अपने सुहाग का भी मान नहीं। उसने कोई गुनाह तो नहीं किया। शर्'आ[1] में चार निकाहों का हुक्म है। तुम ही एक निराली नहीं हो बन्नो, हज़ारों पर पड़ती है, मगर शराफ़त से झेलती हैं। मर्द की ज़ात ही बेवफ़ा होती है।''

लाजवाब होकर क़ुदसिया ख़ाला ख़ुद को कोसने लगीं, ''या अल्लाह मुझे उठा ले, ऐ पाक परवर्दिगार मेरी मिट्टी अज़ीज़ कर ले कि इस अज़ाब से तो जान छूटे या उस मर्दूद[2] को मौत दे कि मेरा दम ही छूटे उस नाबकार[3] से।

"अरी चुड़ैल, यह तू किसे कोस रही है!" नानी बीवी काँप उठीं, ''शौहर फिर शौहर होता है।''

"बाक़र हुसैन, तुम्हारे चहीते दामाद को। हरामज़ादे, क़ुतिया के जने को।" क़ुदसिया ख़ाला गईं हाथ से। "उसे दोज़ख़ की आग में जलाए। क़ब्र में कीड़े बिजबिजाएँ।" वह दुपट्टा फैलाकर झूम-झूमकर कोसने लगीं।

"तू क्या दूसरा ख़सम करेगी?"

"हाँ करूँगी–करूँगी–" नहीं, यह क़ुदसिया ख़ाला नहीं थीं। कोई भुतनी थी।

"तो जा, कोठे पर क्यों नहीं बैठ जाती।"

"कोठे पर भी बैठ जाऊँगी। देखती हूँ कोई मेरा क्या कर लेता है।" क़ुदसिया ख़ाला क़तई कोठे पर बैठने का इरादा नहीं रखती थीं। ग़ुस्से में बात से बात निकलती चली गई। नानी बीवी नाना मियाँ को याद करके ख़ूब रोईं। जिस दिन से शब्बीर मामूँ ने आना

---

1. इस्लाम का क़ानून,
2. बहिष्कृत, नीच,
3. नीच।

बन्द किया था, माँ-बेटी में यह तू-तू मैं-मैं रोज़ हुआ करती। क़ुदसिया ख़ाला की ससुराल तक बात पहुँच गई। उनके ससुर बहुत कबीदा-ख़ातिर[1] हुए।

"अम्माँ ने लाड में दिमाग़ ख़राब किया है। अगर यही हाल रहा तो बहू बेगम ख़ानदान की नाक कटवाएँगी। बेहतर है उन्हें यहाँ बुला लिया जाए। अक़्ल दुरुस्त हो जाएगी।" नानी बीवी भी भेजने को तैयार हो गईं। अब वह उनके क़ाबू की न थीं।

"हाँ भई, वह जानें और उनकी बहू। मैं कहाँ तक मग़ज़-मारी करूँ।" नानी बीवी ने फ़ैसला किया। मगर ससुराल के बुलावे का ज़िक्र सुन के क़ुदसिया ख़ाला बिल्कुल बिखर गईं।

"बेटे को कुछ नहीं कहता मक्कार कहीं का। आग लगे उस की डाढ़ी में। झल लगे उसकी सूरत को।"

"अरे बदबख़्त तेरा मामूँ है।" नानी बीवी चिल्लाईं।

"थू है ऐसे मामूँ के जन्म में। फूटे मुँह से अपने बेटे से न कहा गया कुछ? अरे वह तो बड़े ख़ुश हैं। मेम आती है तो लल्लो-चप्पो करते हैं, छुरी-काँटे से मेज़-कुर्सी पर डिनर खाते हैं। बेटे के टुकड़ों पर पलते हैं ना, इसलिए मेम के सामने कुत्ते की तरह दुम हिलाते हैं। बस मेम ही तो उन्हें बख़्शवाएगी! उसी का साया पकड़ के जन्नत मिलेगी!"

"बके जाएगी मुर्दी? ऐ ख़ुदा, इस नाहंजार[2] का पर्दा ढक ले। आग लगे तेरी ज़बान को।" उन्होंने जूती सँभाल के क़ुदसिया ख़ाला के होंट कुचल दिए।

फिर तो बस उन पर जैसे मरघट की भुतनी सवार हो गई। दाँत किचकिचा कर उन्होंने नानी बीवी की दोनों सींक-सलाई जैसी

---

1. अप्रसन्न,
2. नीच।

कलाइयाँ मरोड़ के रख दीं। एक पल को नानी बीवी ने उनकी बिफरी हुई आँखों में देखा और उनका कलेजा सन्न से रह गया। वहाँ उनकी अज़ीज़-अज़-जान बेटी क़ुदसिया बानो नहीं थी, चोट खाई शेरनी थी कि फन कुचली नागिन! जिसकी आहनी गिरिफ़्त[1] में उनकी जान खिंचने लगी। लरज़ के बड़ी बी दुहरी हो गईं। "हाएं-हाएं!" कह के सब दौड़ पड़े। शिकारी कुत्तों में घिरी हुई हिरनी की तरह वह सर से पैर तक लरज़ने लगीं। ''हाए यह क्या किया क़ुदसिया बन्दी तूने? अम्माँ बी के ऊपर तेरा हाथ उठा!" हर तरह बेबस हो कर उन्होंने दोनों हाथ चबूतरी पर पड़ी हुई सिल पर दे मारे। चूड़ियाँ चकनाचूर हो गईं।

"ऐ है लोगो, क्या हो रहा है।" बहरी दादी अम्माँ का दम घुट रहा था। ''ऐ लड़कियो ज़रा चिराग़ की लौ तो उकसाओ...क्या हो रहा है?'' लालटेनें धड़ा-धड़ जल रही थीं मगर दादी अम्माँ का अँधेरा कौन दूर कर सकता था। अन्दर बाहर खलबली पड़ गई। सारे नौकर ठट लगा के सदर दरवाज़े के पास जमा हो गए। चारों तरफ़ से बीवियाँ पायँचे सँभालती दौड़ीं। बच्चे बिसूरने लगे, मुर्ग़ियाँ कुड़कुड़ाने लगीं।

''ख़बरदार जो किसी ने मुझे हाथ भी लगाया। क़ुरान पाक की क़सम, सर फाड़ दूँगी!'' क़ुदसिया ख़ाला ने सिल का बट्टा सर से ऊँचा उठाया। सबको अपनी जान प्यारी थी। सब हाए-तौबा मचाती रहीं। आगे बढ़ने की किसी में हिम्मत नहीं थी। क़ुदसिया ख़ाला ने बट्टा पटख़कर पिसा-बेपिसा शीशा बटोरना शुरू किया। इससे पहले कि उनके हाथ होंटों तक पहुँचते, शब्बीर मामूँ ने बड़े इत्मीनान से उनके शाने पर हाथ रखा।

1. लोहे जैसी कठोर पकड़।

दस बरस बाद किसी मर्द ने उन्हें हाथ लगाया! उनके हाथ बेबस होकर नीचे गिर गए। मुड़कर उन्होंने शब्बीर हसन की आँखों में देखा। उस वक़्त तो वह बहिशते-बरीं[1] से भी लौट आतीं। आँखें मूँदकर वह तेवरा कर उनके सीने पर गिरीं।

एक लम्हे को शब्बीर हसन के नाकारा हाथ ठिठके। फिर उन्होंने सब के सामने ख़ाला को इतनी ज़ोर से कलेजे से भींचा कि उनकी पसलियाँ कड़कड़ा गईं। सारे कुनबे को जैसे साँप सूँघ गया। हम लोग इकड़ी-दुकड़ी छोड़ मुँह फाड़े देख रहे थे। एकदम फ़िज़ा ने दम साध लिया। नानी बीवी टूटे छप्पर की तरह ढह गईं।

"क्या हो रहा है लोगो!...यह चुपका क्यों पड़ गया...?" दादी अम्माँ सज्दागाह टटोल के तकिये के नीचे से निकालने लगीं। ''क्या सब ने नीयत बाँध ली कि कोई नहीं बोलता?''

शब्बीर हसन ने उनका नहीफ़ो-ज़ार[2] जिस्म दोनों हाथों में समेट लिया। ऐसा लगा अब वह कभी उन हाथों से उन्हें दूर न होने देंगे, इसी तरह उन्हें उठाए चले जाएँगे। किसी में ज़ोर से साँस लेने की हिम्मत भी न थी। उन्होंने दिल पर पत्थर रख के हौले से क़ुदसिया ख़ाला को पलँग पर डाल दिया और बेतअल्लुक़ दूर खड़े होकर फ़र्श घूरने लगे जैसे कहते हों, ''लो भई यह पड़ी हैं क़ुदसिया बानो, इस वक़्त बेहोश हैं। अच्छा मौक़ा है, चुपके से कोई आओ और गला घोंट दो, रिंझा-रिंझा के न मारो।"

1. पृथ्वी का स्वर्ग,
2. दुर्बल।

हकीम साहब क़िब्ला ने फ़ौरन नब्ज़ देखकर कह दिया कि सर को गर्मी चढ़ गई है। साहबज़ादी का दिमाग़ माऊफ़[1] हो गया है। अल्लाह पाक की मर्ज़ी में किसी को दख़ल नहीं।

"बकत हैं बैद जी।" बदबूदार पठानी ने लहँगा झाड़ते हुए फ़ैसला किया, ''हमका तो कुछ और ही दिखाई पड़त है।"

"हाँ भई मुझे भी ऐसा लगे है. जैसे बुआ निगोड़ी का जिन्न उन्हें छोड़ के बच्ची पर पेश हो गया है। देखती नहीं बहन, ज्यों-ज्यों बुआ सुधरती गईं क़ुदसिया बानो के तौर बिगड़ने लगे।'' बाक़री फुप्पो ने नानी बीवी को यक़ीन दिलाया। "ग़ज़ब ख़ुदा का, चिट्टे कपड़े पहन के लाडो इतर-फुलेल लगा के वक़्त-बेवक़्त चमन में टहल लगाया करती हैं।"

एकदम क़ुदसिया ख़ाला की पोज़ीशन ऊँची होने लगी। अब वह अकेली नहीं थीं, जिन्न-भूत प्रेत या कोई पीर मर्द भी उनके

1. सुन्न।

साथ थे। हमारी अम्माँ बेचारी फ़ौरन उन से निहायत मरऊब[1] हो गईं। अम्माँ तो बस अल्लाह मियाँ की गाय थीं। हर अक़्ल में न आने वाली चीज़ से एहतियातन डरती रहती थीं। पीर-मुरीद, भूत-प्रेत और जिन्न, वह कोई भी हो, वह किसी से उलझना पसन्द नहीं करती थीं। वह तो इसलिए सत् नारायण के लिए भी चन्दा दे देतीं, पाँच टाँग की गाय को घास खिलवातीं, साँपों को दूध पिलवातीं!

"बेटी यह कुफ़्र[2] है।" नानी बीवी समझातीं। "नज़्र-नियाज़ की और बात है मगर यह मुई कथा में अपनी आक़बत[3] न बिगाड़ो।"

मगर अम्माँ को आक़बत से ज़्यादा अपना सुहाग और बच्चे प्यारे थे। अरे भई क्या पता ये देवी-देवता बिगड़ खड़े हों तो उनका कोई क्या बिगाड़ लेगा। क़ब्रिस्तान से लगा हुआ शमशान भूमि था। बच्चे बेनथे बैलों की तरह हर तरफ़ दनदनाते फिरते। एक दफ़ा किसी मन्दिर में कुछ भगवान का अपमान कर आए। महंत जी दुहाई देते हुए आए। अम्माँ ने फ़ौरन प्रायश्चित के लिए बामन खिलवाए कि देवता ग़ुस्से में तख़्ता न लौट दें। मन्दिर से प्रसाद आता तो सब बीवियाँ थू-थू करके कहतीं, "मुर्ग़ियों को डालो, नजिस[4] है।" मगर अम्माँ ताक़ में रख देतीं। बच्चे फ़ौरन ठिकाने लगा देते तब उन्हें इत्मीनान होता। बच्चे तो पत्थर भी खा लें तो डकार न लें और भई किसी को क्या पता शायद प्रसाद में बरकत हो।

---

1. प्रभावित,
2. नास्तिकता,
3. परलोक,
4. गन्दा।

क़ुदसिया ख़ाला की भी सेवा में वह जुट गईं। हर शख़्स की बात से इत्तिफ़ाक़[1] करके जिन्न भी उतरवाए, भूत-प्रेत भी मनाए, पीरों की नियाज़ें[2] भी दिलवाईं। उनकी बेतरह ख़ातिर करने लगीं। उस नई क़ुदसिया से उन्हें वहशत होती थी। पागल होने के सवाल पर वह बिल्कुल न्यूट्रल थी। कौन जाने पागल भी किसी क़िस्म की रूहानी[3] ताक़त रखते हों। बाल-बच्चों वाली को तो हर तरफ़ से चौकन्ना रहना चाहिए, ताकि किसी ज़ाविये[4] से किसी क़िस्म के ख़तरे की गुँजाइश न रहे। और जिन्न लोग तो बड़े टेढ़े मिज़ाज के होते हैं कि पाक परवर्दिगार ने इनसान अदना[5] मिट्टी से बनाया और जिन्नों का आतिश[6] से। आग भड़क गई तो लेने के देने पड़ जाएँगे।

यह तो साफ़ ज़ाहिर था कि ख़ाला पर कोई भूत-प्रेत नहीं जो उन्हें गू उछालने की तरग़ीब देता। कोई निहायत मुहज़्ज़ब[7] फ़ैशनेबिल क़िस्म के बेहद शौक़ीन मिज़ाज पीर मर्द का साया मालूम होता था। क़ुदसिया ख़ाला की नाज़बरदारियाँ[8] देख-देख कर एक चचा मियाँ थे जो किलसते थे। उन्हें भी अल्लाह पाक ने दहकती आग से न सही मगर भूभल से ज़रूर बनाया होगा।

"क़ुदसिया बानो, बड़ी चन्ट हो, ख़ूब सारे घर को उल्लू बना रही हो।" चचा मियाँ मुस्कुराते। मगर सब जानते थे, वह निहायत

---

1. सहमत,
2. चढ़ावा,
3. आत्मिक,
4. कोण, दिशा,
5. तुच्छ,
6. आग,
7. सभ्य,
8. सेवाएँ होती देखकर।

मुलहिद[1], मुर्तिद[2] और नाबकार[3] किस्म के इनसान थे। सब उन्हें लानत-मलामत[4] करते।

हकीम साहब क़िब्ला के तीन ज़न्नाटेदार जुल्लाब दिए जाएँ, पीर मर्द के छक्के छूट जाएँगे।" वह कुफ़्र[5] बकते और नानी बीवी माथा कूट लेतीं।

"आग लगे तेरी ज़बान को। वह निगोड़ी तन-बदन की सुध खो बैठी है और तू है कि बके जावे है।" वह क़ुदसिया ख़ाला पर बेहद मामता तोड़ने लगी थीं। बात-बात पर गला भर लातों और नाना मियाँ को याद करने लगतीं। वह ज़िन्दा होते तो ग़रीब को तेरी-मेरी न सुनना पड़ती। वह क़ुदसिया ख़ाला के लिए फ़ालसों का शर्बत बनाने लगतीं।

"अरे हम इनके चलत्तर ख़ूब समझते हैं। शब्बीर मियाँ से मिलने का...।''

क़ुदसिया ख़ाला बाल सुलझाते-सुलझाते उनसे उलझ पड़तीं। आँखों में आँखें डाल कर मुस्कुरातीं।

"क्या मुश्तरी जान ने जूतियाँ मार के निकाल दिया।" वह चुटकी भरतीं। सब जानते थे कि चचा मियाँ रंडियों की कमाई पर ऐश करते थे।

"मेरा ज़िक्र छोड़ो...तुम अपनी कहो..."

"क़ुदसिया बेटी..." नानी बीवी उन्हें शर्बत का गिलास थमा कर उनका रुख़ मोड़ देतीं, ''इस क़मज़र्फ़[6] के मुँह न लगा कर

---

1. नास्तिक,
2. विधर्मी,
3. नीच,
4. भर्त्सना,
5. धर्म के विरुद्ध कोई बात,
6. ओछा।

मुआ मोरी का कीड़ा सब को अपनी तरह समझता है।" नानी बीवी अचानक उस हादसे के बाद से निहायत प्रो.-क़ुदसिया हो गई थीं।

"साहबज़ादी पर किसी निहायत जलाली[1] पीर मर्द का साया है। उन्हें हत्तलइम्कान[2] इश्तिआल[3] न दिलाया जाए।" ताई अम्माँ के लखनऊ वाले मौलाना ने फ़तवा[4] दिया था। हकीम साहब क़िब्ला की नाचीज़[5] राय थी कि फ़िलहाल जुल्लाब मुल्तवी[6] रहेंगे, इसलिए जज़्बात को भड़काने से एह्तिराज़[7] किया जाए वर्ना सर पर और गर्मी चढ़ेगी। मगर कोई चचा मियाँ को कैसे समझाए। पागल होकर तो क़ुदसिया ख़ाला के ऐश हो गए। रूई के गालों पर पाली जाने लगीं। बिल्कुल शहज़ादियों की तरह साफ़-शफ़्फ़ाफ़ चादर बिछी पलंगड़ी पर नीम-दराज़[8] सौदा और ज़ौक़ के कलाम से लुत्फ़-अंदोज़[9] हुआ करतीं। शब्बीर हसन मीठे-मीठे लहजे में शे'र पढ़ते। वह उन्हें बौखलाने के लिए शे'र के मानी पूछ बैठतीं। वह पहले की तरह आने लगे थे। और आने में देर हो जाती तो क़ुदसिया ख़ाला उट्ठक-बैठक शुरू कर देतीं। चचा आम तौर पर बदज़ाती[10] पर तुल जाते थे, मगर उस दिन तो वह बढ़ते ही चले गए। क़ुदसिया ख़ाला ने शर्बत का गिलास होंटों से लगाया मगर घूँट न भरा।

---

1. प्रतापवान्,
2. यथासंभव,
3. उत्तेजना,
4. धर्मादेश,
5. तुच्छ,
6. रुका हुआ,
7. बचना,
8. अधलेटी,
9. आनन्द,
10. कमीनापन।

"अजीब मख़ंचू हैं यह तुम्हारे शब्बीर हसन! हम होते तो..." उन्होंने हौले से ऐसे मुँह ही मुँह में कहा कि नानी बीवी न सुन पाएँ।

"तुम होते तो?" क़ुदसिया ख़ाला ने दाँत पीसे।

"लेके भाग जाते!" चचा मियाँ ने लम्बी-चौड़ी अँगड़ाई लेके हाथ फैलाए।

"कमीने, मुझे भी क्या अपनी मुश्तरी जान समझा है!" क़ुदसिया ख़ाला नंगी तलवार बन गईं।

"हर औरत में कहीं न कहीं मुश्तरी जान छुपी होती है और मौक़ा पाकर..."

क़ुदसिया ख़ाला ने शर्बत का भरा गिलास चचा के मुँह पर खेंच मारा और पैर से नन्ही-सी सलीमशाही जूती घसीट उनपर टूट पड़ीं।

अगर होश खोकर यूँ दोनों जहान की बादशाही मिल जाए तो कौन कमबख़्त होश में आना चाहेगा। पहले अगर यही क़ुदसिया बानो ऊँची आवाज़ से बोलतीं तो सब नाम धरने लगते। आज वह छह फ़ुट तीन इंच के देवहैकल[1] मर्दुए की जूतीकारी[2] कर रही थीं, एक साँस में सौ गालियाँ दे रही थीं और सब मुँह में घुंगनियाँ डाले बैठे थे, बल्कि अश-अश[3] कर रहे थे।

"अरे-अरे नेकबख़्त, मैं तो मज़ाक़ कर रहा था।" दोनों हाथों से वह वार रोक रहे थे। वह चचा मियाँ जिन्होंने सिद्दीक़ पहलवान को मुश्तरी जान के पीछे उठा कर छह फ़ुट ऊँची दीवार के पार फेंक दिया था जैसे सिद्दीक़ हाथी का बच्चा नहीं फूलों की

1. देव जैसे शरीरवाला,
2. जूती से मारना,
3. आश्चर्य।

गेंद था। वह क़ुदसिया ख़ाला से पिट रहे थे। उस दिन तो सब ही क़ाइल[1] हो गए। यह धान-पान-सी बुटकना-सी क़ुदसिया ख़ाला पहलवानी के हाथ नहीं दिखा रही थीं, यह तो वह जिन्न था जो उन पर आशिक़ था। और जिस पर जिन्न मरते हों उससे कौन उलझे?

एक लक़ोदक़[2] कोठी में हर कोना एक जुदा सूबे[3] की तरह बेतअल्लुक़ हो जाता है। उर्स का ज़माना क़रीब आ रहा था। तीज-त्योहार के अलावा मेहमानों के आने का यह भी एक हीला[4] था। महीनों पहले से दूर-दराज़ के जान-पहचान वाले और रिश्तेदार आने शुरू हो जाते। कोई अलग कमरे, ग़ुस्लखाने तो दिए नहीं जाते कि कुछ फ़र्क़ पड़े। बस चारपाइयाँ, खटोले, तख़्त और बिछा दिए जाते। दस्तरख़्वान लम्बा कर दिया जाता। एक रकाबी में दो-दो खाने लगते। क़तई कोई तकलीफ़ नहीं होती, बस भरे बाज़ार का-सा हुल्लड़ मचा रहता, जिस में बड़ा मज़ा आता। ननिहाल-ददिहाल के दो कैम्प हस्बे-ज़रूरत छोटे गिरोहों में बट जाते। अजब समाँ होता। दादी अम्माँ की तरफ़ ज़्यादा बुढ़ियाँ सिमट आतीं। जिन के सामने हिलो भी तो इख़्तिलाज़[5] के दौरे पड़ जाएँ। नानी बीवी के हाँ अमूमन अम्माँ की हमउम्र फक्कड़, हँसोड़ और दुनियादार क़िस्म की बीवियाँ जमा हो जातीं। वह जिनके दूध पीते बच्चे और शौहर साथ होते, बिल्कुल अलग-थलग पलँग डाल लेते। नौउम्र[6] लड़कियाँ

---

1. मान गए,
2. बहुत बड़ी,
3. प्रदेश, प्रान्त,
4. बहाना,
5. दिल की धड़कन,
6. अल्पवयस्क।

बिल्कुल दूसरी सिम्त एक एक पलँग पे दो-दो सोतीं। बाक़ी वक़्त एक रेवड़ की सूरत में कानाफूसी किया करतीं।

बच्चे, मुर्ग़ियाँ, कबूतर और कुत्ते बीच सेहन में पेड़ों के नीचे, खुर्रे पलँगों और चौकों पर दुंद मचाया करते। एक कोने में कोई हादसा होता तो अवाम को ख़बर होते-होते कुछ वक़्फ़ा[1] लग जाता।

इसलिए चचा की जूतेकारी के बहुत कम चश्मदीद[2] गवाह थे। जब तक बीवियाँ जूते पहन कर पायँचे सँभालती आएँ, बिजली की सुरअत[3] से होने वाले हदासात का नामो-निशान भी न मिलता था। जब सब जमा हुए तो क़ुदसिया ख़ाला दुपट्टे से मुँह छुपाए फुँकार रही थीं और चचा मियाँ सरपट दरवाज़े की तरफ़ हँसते हुए जा रहे थे, जैसे उन्हें जूतियाँ नहीं बालूशाहियाँ मिल गई हों।

''ऐ लड़कियो, क्या हो रहा है, भई हमें तो कोई बताए ही नहीं है।'' दादी अम्माँ कराहीं। उनके साथ की तमाम थकी हुई बुढ़ियों ने करवट बदल लिए और फिर ऊँघने लगीं।

"क्या हुआ, क्या बात हुई?" सब एक दूसरे से पूछने लगे। किसी को पता नहीं था कि बदबूदार पठानी और ऊपर के काम के छोकरे में हाथापाई हुई थी या साँप निकल आया था।

"किसने मारा, किसे मारा?" सब फिर एक दूसरे से पूछ रहे थे। बच्चों वालियाँ अपने बच्चे गिन रही थीं। अम्माँ सब बातों से बेनियाज़ पायँचे उड़स के अब्बा की टमटम की घंटी की आवाज़ पर पिया मिलन के लिए जा रही थीं।

---

1. समय,
2. आँखों देखा,
3. तेज़ी।

"ऐ होता क्या? मेरा सर!" नानी बीवी चश्मदीद गवाहों में होते हुए भी पुरअसरार[1] बन रही थीं। "उनके मुँह जो लगेगा वह भुगतेगा।" 'उन' से मुराद क़ुदसिया बेगम हरगिज़ न होंगी। वह ग़रीब धानपान। निगोड़ी में दम ही कहाँ था! सारी करामात[2] पीर मर्द की थी।

1. रहस्यमय,
2. चमत्कार।

बड़ी उदास-सी शाम थी। आस्मान पर बारीक-सी गर्द-ओ-ग़ुबार[1] की चादर तनी हुई थी। अबाबीलें क़ैंचियों की तरह हवा को कतरती हुई सपाटे भर रही थीं। उर्स में शिरकत करनेवाले क़व्वालों की टोलियाँ आने लगी थीं। लम्बे-चौड़े शामियाने की दिन भर नरम्मत हुआ करती। दरगाह ताज़ा क़लई के बाद सफ़ेद बुर्राक़ हो जाती थी जैसे किसी ने बहुत सफ़ेद मारकीन खोल के ऊँचा-नीचा डाल दिया हो। उन दिनों हम घर को भूलकर दरगाह के हो रहते थे। वा'ज़[2] से हमें रोना आने लगता था मगर क़व्वाली में ख़ूब मज़ा आता।

सिराजम-मुनीरा निगारे-मदीना
तजल्ली-ए-मक्का बहारे-मदीना

मतलब ख़ाक पल्ले न पड़ता। मक्का मदीना के ज़िक्र से हम मरऊब[3] हो जाते। फिर किसी अल्लाह वाले को हाल[4] आ जाता

1. धूल,
2. धर्मोपदेश,
3. प्रभावित,
4. ईश्वर प्रेमपरक रचना सुनकर सुधबुध खो देना।

और ख़ूब उधम मचती। क़व्वाल एक ही शे'र पर अटक जाते और वही दोहराए जाते। यहाँ तक कि बोर होकर हाल खेलने वाला सुस्त पड़ जाता और क़व्वाल नया क़त्आ[1] शुरू करते।

"क्या हुआ लोगो हमें भी तो बताओ।'' हम अन्दर आए तो दादी अम्माँ मिनमिना रही थीं। बुआ की चमारन सबके पैर पड़ती फिर रही थी।

"अरे कोई चल के देखो। राम जाने ऊका का हुई गवा।"

"है-है किसे?"

"क्या हो गया?" सब एक दूसरे से पूछ रहे थे। और जब मालूम हुआ कि बुआ को तीन-चार दिन से बुख़ार था। कल रात को न जाने कब निकल खड़ी हुईं। सुबह क़ब्रिस्तान में औंधी पड़ी मिलीं तब से घाँटी चल रही है।

"है-है निगोड़ी!" बीवियाँ अफ़सोस करने लगीं, फिर अपने-अपने कामों में लग गईं।

"हम पूछें तो कोई बताए नहीं है। कुत्ता हैं कि भौंके जावें हैं। क्या मजाल जो कोई कान धरे।" दादी अम्माँ ने तकिये तले से सज्दागाह निकाली और नीयत बाँध ली। नानी बीवी उनके नीयत बाँधने के अन्दाज़ पर तौबा-तौबा करती थीं। सज्दे पर भी एतिराज़ था जैसे मेंडकी डुबकियाँ खा रही हो।

एक क़ुदसिया ख़ाला थीं, बेकल हो रही थीं। हड़बड़ाई हुई इधर-से-उधर जा रही थीं।

"ऐ है कोई डाक्टर से जाके कहो।" दरगाह के हस्पताल का डाक्टर मुफ़्त इलाज करता था। किसी को क़ुदसिया ख़ाला की

1. एक प्रकार की उर्दू नज़्म जिसमें ग़ज़ल की तरह क़ाफ़िये की पाबन्दी होती है और चार मिस्रे होते हैं।

बिलबिलाहट पर तअज्जुब न हुआ मगर उनका "हुक्म" टालने की किसी में हिम्मत न थी।

रात भर बुआ की घाँटी चलती रही। डाक्टर ने कहा, डबल नमूनिया है। सुबह हम लोग भी दूर से उन्हें देखने गए। अयादत[1] को नहीं, यूँही। बुआ झिलंगे में पड़ी एड़ियाँ रगड़ रही थीं। वह बदबू थी कि नाक नहीं दी जाती थी। तीसरे दिन कहीं जाके घाँटी की घरघराहट बन्द हुई।

अल्लाह तौबा-तौबा। सफ़ेद कफ़न में ऐंठी हुई बुआ किस क़दर डरावनी लग रही थीं। किस ग़ज़ब की नामुरादी[2] और फिटकार थी चेहरे पर। अधखुली हुई आँखें, ऊदा-ऊदा[3] रंग। मुँह और नाक से गुलाबी-गुलाबी पानी रिस रहा था। बरसों रात को ख़्वाब में आके डराती रहीं। अँधेरे में जाते दम निकलता कि बुआ न खा जाएँ। झुटपुटा होते ही दम फ़ना होने लगते। कलियाँ चुनने जाने की हिम्मत न होती। मालूम होता मस्जिद के पिछवाड़े बैठी हैं। बरगद के नीचे खड़ी स्लीपर में से रेत झाड़ रही हैं। और अभी उधर से ढोल बजाती *"मेरठ में मिलेंगे दोनों जने"* गाती आ जाएँगी।

बाले मियाँ से बहुत रूठा करती थीं। मगर जब वह रुठे तो जग से मुँह मोड़ लिया। बुआ की यह गत हुई और उन्होंने पलट कर न देखा। हाए निगोड़ी बुआ। लोग ख़्वाब देखने पर भी पहरा बिठाते हैं। जीने का कोई सहारा हुआ, दुनिया की आँखों में खटकने लगेगा।

---

1. रोगी का हाल पूछने जाना,
2. दुर्भाग्य,
3. बैंगनी रंग।

सारे घर पर बुआ की मौत की हैबत[1] बैठ गई। सब ही के हाथों पर उनके मासूम ख़ून के धब्बे थे। घर को बलाओं[2] से पाक रखने के लिए फ़ौरन दो मुल्लाने डयोढ़ी पर बिठा दिए गए। सुबह शाम हिल-हिल के सिपारे पढ़ा करते थे और भर-भर सीनियाँ[3] रोटी ठूँसते!

बुआ की मौत ने क़ुदसिया ख़ाला के पैर उखाड़ दिए। दो दिन तक उन के मुँह में खील तक उड़ के न गई। रात-रात भर दीवानगी[4] के आलम में चक्कर काटतीं। अँधेरे आँगन में ख़ामोश सर झुकाए फ़र्श को घूरा करतीं जैसे उसमें कोई सेंध ढूँढ रही हों कि पा जाएँ तो वहीं समा जाएँ। प्यासी चिड़िया जैसी आँखें फाड़े अपने चारों तरफ़ मुड़-मुड़ कर देखती हैं कि कोई ख़ूँआशाम[5] दरिन्दा जस्त[6] मार कर गला न दबोच डाले। हर तरफ़ मौत मंडलाती नज़र आती। नानी बीवी शर्बत बना के देतीं। यह चुपके से आँख बचा के उगालदान में उँडेल देतीं। पान मुट्ठी में दबा कर झूट-मूट मुँह चलाने लगतीं फिर जाके पाख़ाने में फेंक आतीं। सिर्फ़ अम्माँ की रकाबी से निवाला लेतीं। उन्हें किसी पर भरोसा न रहा था।

उस शाम शब्बीर मामूँ आए। घड़ी भर इधर-उधर चोरों की तरह देखते रहे। बग़ैर आँखें मिलाए दीवान-ए-ग़ालिब की जिल्द

---

1. भय,
2. दैवी आपत्ति,
3. थाल,
4. पागलपन,
5. ख़ून पीनेवाला,
6. छलाँग।

क़ुदसिया ख़ाला को दी। दादी अम्माँ को सलाम किया, फिर उठ कर बग़ैर क़ुदसिया ख़ाला पर नज़र डाले चले गए।

क़ुदसिया ख़ाला दोनों हाथों से किताब दबोचे ऐसे बैठी थीं कि अगर खुल गई तो अज़दहा[1] निकल के उन्हें डकार जाएगा। नानी बीवी उनका बिस्तर ठीक कर रही थीं। बड़े प्यार से तकिये पर फूल सजा कर उन्होंने दुलाई तह कर दी।

"लो बेटी, ज़रा आके लेट रहो। तुम्हारा खाना इधर ही ले आऊँगी। उधर तो ख़ूगर की भरती भरी हुई है।" उन्होंने बरामदे में लगे तवील[2] दस्तरख़्वान की तरफ़ इशारा किया।

"मुझे भूक नहीं है अम्माँ बी।" उन्होंने किताब तकिये के नीचे रख दी।

"क्यों बेटी—दोपहर को भी मुँह झुटाल के उठ गईं—और—" हालाँकि उन्हें गुमान भी नहीं था कि बेटी उन पर शक करती है। आख़िर को माँ थीं। इकलौती बच्ची पर हमेशा ही जान जाती थी। अपनी दानिस्त[3] में वह जो कुछ करती थीं, उसकी भलाई के लिए करती थीं।

एकदम क़ुदसिया ख़ाला का कलेजा मुँह को आ गया। चचा मियाँ झुककर किताब उठा रहे थे।

क़ुदसिया ख़ाला पर जाड़ा बुख़ार की कैफ़ियत तारी हो गई। एक नन्हा-सा काग़ज़ का पुर्ज़ा हवा में लरज़ता हुआ क़ुदसिया ख़ाला के क़दमों में गिरा, इससे पहले कि वह उठातीं, चचा मियाँ ने पैर रख दिया। झुक कर उठाया, बग़ैर खोले उलट-पलट के देखा

1. अजगर,
2. लम्बा,
3. जानकारी।

और नानी बीवी की तरफ़ बढ़ा दिया। क़ुदसिया ख़ाला ने आँखें बन्द कर लीं।

"क्या है?" उन्होंने पर्चा ले के देखा फिर फेंक दिया। "चल हट।" नानी बीवी कुबड थीं। एक हर्फ़[1] न पढ़ पाती थीं।

"अरे-अरे तावीज़ है, बेअदबी न करो।" उन्होंने पर्चा उठा के क़ुदसिया ख़ाला के तकिये पर रख दिया।

"कैसा तावीज़?" वह एकदम मुअद्दब[2] हो गईं।

"भूत उतारने का।"

"ऊँह भई, मैं तुम्हारे साथ की खेली तो हूँ नहीं कि लगे मज़ाक़ करने।" नानी बीवी बिगड़ कर चली गईं।

"साथ के खेले कब गिनती में लाते हैं।" वह दबी ज़बान से कहते दादी अम्माँ के बरामदे में चले गए।

"अम्माँ बेगम! फ़तहपुर वाली ज़मीन मेरे नाम कर दो, नहीं तो इमाम हुसैन की क़सम, सुन्नी हो जाऊँगा।"

"मुआ रकाबी मज़हब![3]" नानी बीवी बड़बड़ाईं।

"अमेठी वाले आमों के बाग़ मेरे नाम जल्द कर दो, नहीं तो अभी सुन्नी हुआ जाता हूँ।" वह नानी बीवी से उलझे।

"ऊई! वह तो क़ुदसिया के नाम हैं।"

"कोई मुज़ायक़ा[4] नहीं, क़ुदसिया को भी हिबा[5] कर दो, मैं सब समझ लूँगा।"

---

1. अक्षर,
2. सभ्य,
3. वह आदमी जो लोभ से कभी इधर, कभी उधर हो,
4. आपत्ति,
5. दान।

"तेरे मुँह में ख़ाक।" नानी बीवी जूती सँभालतीं और वह मुमानी को जलाने लगते।

"भाबी यह कड़े दे दो तो तुम्हारी सारी सौतों की नाक चोटी काट के तुम्हारे क़दमों में रख दूँ।" मगर कोई उन्हें कुछ न देता कि वह अपनी सारी जायदाद रंडियों में फूँक चुके थे।

तहज्जुद को नमाज़ पढ़ने नानी बीवी उठीं तो तयम्मुम[1] के लिए उठे हुए हाथ जहाँ के तहाँ मुअल्लक़[2] रह गए। क़ुदसिया ख़ाला की पलंगड़ी ख़ाली पड़ी थी। तकिये के फूल ज्यों के त्यों महक रहे थे, एक पत्ती न मसली थी। सदर दरवाज़ा भाड़ की तरह खुला था। कुन्डी अभी तक हिल रही थी।

नानी बीवी की चीख़ें सुनकर जगार हो गई। वह कोने-कोने में क़ुदसिया को पुकारती फिर रही थीं। ज़रा होश ठिकाने हुए तो लालटेनें लेकर लोग इधर-उधर भागने लगे।

"अरे ये क्या हो रहा है, हमें न बताओगे लोगो।" दादी अम्माँ घिघिया कर सब को बौखला रही थीं। नानी बीवी को अम्माँ छोटी सी बच्ची की तरह कंधे से लगाए दिलासा दे रही थीं।

"क्या हुआ?" मुख़्तलिफ़[3] कोनों से पूछा जा रहा था। बच्चे ठिनकने लगे, मुर्ग़ियाँ कुड़कुड़ाने लगी!

"ऐहै शायद दड़बा खुला रहा गया!" नींद में ताई अम्माँ समझीं, बिल्ली मुर्ग़ी ले गई।

---

1. नमाज़ पढ़ने के लिए पानी से वुज़ू किया जाता है मगर पानी न हो या ठंड ज़्यादा हो तो सूखी मिट्टी से वुज़ू करने को तयम्मुम कहा जाता है,
2. अधर में लटका हुआ,
3. अनेक।

क़ुदसिया ख़ाला के छोटे-छोटे बरहना[1] पैरों के निशान बावली की मेंड तक तो मिले फिर ख़त्म हो गए। दायें तरफ़ स्टेशन जाने वाली पगडंडी पर सैकड़ों मवेशियों और इनसानों के नक़्शे-क़दम[2] नज़र आए मगर उन में क़ुदसिया ख़ाला के नन्हे-नन्हे सफ़ेद पैरों का एक भी निशान न था। बावली की तह ले डाली मगर क़ुदसिया ख़ाला की लाश न मिली। ज़मीन खा गई या आस्मान निगल गया!

''जन्नती बीवी थी मेरी बच्ची।'' तीजे के दिन नानी बीवी ने रो-रोकर बुरा हाल कर लिया।

''क्यों रोती हैं। वह जहाँ गई है अल्लाह उसे ग़रीक़े-रहमत[3] करे।'' चचा ने सूखे आँसू पोंछे। किस क़दर ज़लील थे हमारे चचा मियाँ!

''आमीन!'' नानी बीवी ने बुदबुद दुरूद[4] पढ़ना शुरू किया।

कुछ दिन बाद उनके लिए अजीब-अजीब क़िस्से मशहूर होना शुरू हुए। कि जब वह बावली में कूद पड़ीं तो छन्न से तह में एक खिड़की खुली। क्या देखती हैं लक़ो-दक़[5] मैदान है, हू का आलम,[6] आदम न आदमज़ाद,[7] सामने से ग़ुबार[8] उठता नज़र आया। जब

---

1. नंगे,
2. पद-चिह्न,
3. अल्लाह उसे अपनी दया और कृपा में डुबो दे,
4. हज़रत मुहम्मद साहब पर दुआ और सलाम,
5. बहुत बड़ा,
6. सन्नाटा,
7. आदमी न आदमी का बच्चा,
8. धूल।

धुंध छटी तो क्या देखती हैं कि एक तख़्ते-ज़र्रीं[1] है कि ज़रनिगार[2] तकियों से आरास्ता[3] है। चार परियाँ तख़्त के चारों खूंटे सँभाले अदब से सर झुकाए खड़ी हैं। उन्हें तख़्त पर बिटाया गया और आस्मान की तरफ़ उड़ गया।

ये क़िस्से चचा मियाँ गढ़-गढ़ के सुनाया करते थे। कुछ बदमज़ाक़ लोग यह भी कहते थे, वह शब्बीर मामूँ के साथ भाग गईं। कुछ भी हो क़ुदसिया ख़ाला का नाम लेना उस दिन से गुनाह हो गया। जब तक नानी बीवी ज़िन्दा रहीं, उनके डर से कोई ज़िक्र न करता। फिर सब भूल-भाल गए।

कि भूल जाने में बड़े फ़ायदे हैं। ज़मीर[4] मलामत[5] नहीं करता!

---

1. सोने का तख़्त,
2. जिस पर सुनहरी बेलबूटे बने हुए हों,
3. सजा हुआ,
4. अन्तर्मन,
5. निन्दा।

कोई दो-ढाई महीने हुए एक टेलीफ़ोन आया।

"मैं रफ़ीआ हसन बोल रही हूँ। विक्टोरिया-टर्मीनस के मुसाफ़िर ख़ाने से बोल रही हूँ। सुबह के प्लेन से लन्दन जा रही हूँ। कुछ वक़्त दे सकें तो..." वह पी-एच.डी. करने जा रही थी। बड़ी आलकस आई। कोई अदब-नवाज़[1] होगी। ख़्वाहमख़्वाह वही घिसे-पिटे जुम्ले दुहरा कर जी जलाएगी। बड़े अदीब[2] नई पौद को उभरने नहीं देते। गुट बनाए बैठे हैं। बस एक-दूसरे को उछालते हैं। मुझे मौक़ा-परस्त[3] और जानिबदार[4] साबित करेगी।

"दरअस्ल..." मैं कोई अनगढ़-सा बहाना सोचने लगी।

---

1. साहित्य और साहित्यकारों का गुणग्राही,
2. साहित्यकार,
3. अवसरवादी,
4. पक्षपाती।

''मैं ज़्यादा वक़्त नहीं लूँगी। बस दस मिनट काफ़ी होंगे।'' वह बड़ी होशियार मालूम होती थी।

वह आई तो बड़े प्यार से मुझे देखकर मुस्कराने लगी। उसे देखकर आप ही आप जी हलका हो गया।

''आपका पता बड़ी मुश्किल से हाथ आया। आपको शायद याद न हो, आप मेरी रिश्ते की बहन लगती हैं। मेरी अम्मी क़ुदसिया शब्बीर हसन आपकी ख़ाला होती हैं।''

''क़ुदसिया ख़ाला—तुम क़ुदसिया ख़ाला और शब्बीर मामूँ की लड़की हो।'' मैं अहमक़ों की तरह हकलाने लगी। *"मेरठ में मिलेंगे दोनों जने"* बुआ की रसीली आवाज़ मेरी याददाश्त के पट झंझोड़ने लगी। तो दोनों मिल ही गए। बाज़ इनसान मर के दूसरों को जीने का सलीक़ा सिखा जाते हैं!

''और ऐन वक़्त पर अम्मी की हिम्मत जवाब दे गई। अब्बू से लड़ पड़ीं कि मुझे गुमराह करके गुनाह कर रहे हो। मगर मुस्तक़ीम मामूँ...''

''मच्छू चचा मियाँ!'' जन्नत तो क्या नसीब होगी मरहूम[1] को मगर ख़ैर अल्लाह बड़ा रहीम-ओ-करीम[2] है।

''अम्मी की तो उन्हें देखकर जान ही निकल गई। वह तो बावली में कूद कर जान दिए दे रही थीं मगर मच्छू मामूँ ने कहा, ये जूते छोड़ कर नंगे पैर आ गईं। ये तो पहनती जाओ नहीं तो पाँव भीग गए तो ज़ुकाम हो जाएगा।''

''चचा मियाँ ने कहा?''

---

1. दिवंगत,
2. दयालु और कृपालु।

''हाँ और जेब से अम्मी की जूतियाँ निकाल के दीं। मगर अम्मी बिखरी जाती थीं कि मुझे मर जाने दो।''

''मगर उनके पैरों के निशान?''

''वह कैसे मिलते, अब्बू ने उन्हें उठा लिया।'' वह हँस पड़ी। "अब तो अम्मी इतनी मोटी हो गई हैं कि सोचकर हँसी आती है। वहाँ से पैदल स्टेशन गए।''

''और वहाँ से मेरठ!'' बुआ की याद बहुत सताने लगी।

''मेरठ? नहीं तो—वहाँ से अपने दोस्त के यहाँ रुदौली गए।''

''रुदौली? मियाँ की ससुराल? ख़ूब।''

''किस की ससुराल?'' वह चकराई।

''फिर?'' मैंने बात टाली।

''उनके दोस्त अबरार चचा वकील थे। तलाक़ लेने की बहुत कोशिश की।''

''मरते मर जाऊँगा मगर तलाक़ नहीं दूँगा।'' वह कहा करते थे।

''जी हाँ और सितम-ज़रीफ़ी[1] तो देखिए, मरे भी नहीं।''

''क्या फ़र्क़ पड़ा? वह ज़िन्दा ही कब थे?''

''वाक़ई कोई फ़र्क़ नहीं पड़ा।''

जब तलाक़ की कोई सूरत न नज़र आई तो शब्बीर मामूँ के दोस्त ने राय दी कि क़ुदसिया ईसाई हो जाएँ तो तलाक़ हो सकता है। कानपूर के एक पादरी से रुजू[2] किया गया। मगर जब उसे

---

1. विडम्बना,

2. सलाह-मश्वरे के लिए जाना।

तब्दीलीए-मज़हब की वजह बताई तो बहुत बरअफ़रोख़्ता[1] हुआ। नीज़ यह कि अगर फिर दोबारा इस्लाम इख़्तियार किया तो तलाक़ बातिल ही जाएगी।

मच्छू मामूँ को जब इस हिचर-मिचर की ख़बर मिली तो आकर बहुत दुंद मचाया। सब को क़त्ल करके क़ुदसिया को ले भागने की धमकियाँ दीं। शब्बीर मामूँ की मरम्मत करने की धमकियाँ दी। उसी शाम एक क़ाज़ी को लाकर निकाह करा दिया।

'यह निकाह नहीं हुआ।'' शब्बीर हसन के दोस्त अबरार ने कहा। वह वकील थे।

''हुआ कैसे नहीं।'' वह अबरार चचा की गर्दन तोड़ने पर मुसिर[2] थे।

अगर क़ुदसिया ख़ाला के शौहर को पता चल जाता तो वह दोनों को हरामकारी[3] के जुर्म में धर लेते!

क़ुदसिया ख़ाला और शब्बीर मामूँ सारी उम्र चोरों की तरह छुपते रहे। मामूली से आम इनसान वैसे ही गुमनाम रहते है। फिर भी ख़ौफ़ तो रहता था। हालांकि चचा मियाँ ने उन्हें यक़ीन दिला रखा था कि अगर उसने कुछ गड़बड़ की तो उसका क़िस्सा ही पाक कर देंगे।

''और ख़ुदा को क्या मुँह दिखाऊँगी।'' क़ुदसिया ख़ाला कहा करती थीं।

---

1. क्रोध में भरा हुआ,
2. आग्रही,
3. व्यभिचार।

"वहाँ तुम पछाड़ खाके एक कोने में बेहोश हो जाना। मैं सब समझ लूँगा।" चचा तसल्ली देते।

"फिर जब तलाक़ बिल पास हुआ तो वह ब्रिटिश नेशनलिटी लेकर इंगलिस्तान जा बसे थे। दूसरे मैं सयानी हो चुकी थी। फिर नए सिरे से हंगामा खड़ा करने की ज़रूरत न महसूस हुई। वह कुछ सोचते हुए बोली, "अम्मी और अब्बू की मुहब्बत को देखकर शादी-ब्याह और तलाक़ की अहमीयत पर हँसी आने लगती है, शायद इसलिए कि मैं नॉर्मल नहीं।"

"यह कैसे जाना कि तुम नॉर्मल नहीं।"

"मैं समझती हूँ कि जो अम्मी और अब्बू ने किया वही करना चाहिए था। यह मेरी ख़ुशक़िस्मती है कि मैं उनकी मुहब्बत का फल हूँ।"

वह सिर्फ़ दस मिनट के लिए आई थी, मगर न मुझे रुख़्सत करने का ख़याल आया और न उसे जाने का। चन्द घंटे पहले मुझे उसके वुजूद का भी यक़ीन नहीं था। वह मेरे लिए एक अजनबी थी। खाने के बाद हम बहुत रात तक दो बच्चों की तरह एक दूसरे का हाथ पकड़े मैरीन ड्राइव के किनारे टहलते रहे। एक महकता हुआ फूल था जो हमारे दरमियान खिलता रहा, परवान चढ़ता रहा।

"ऐसा मालूम होता है कि आप को बरसों से जानती हूँ।" हम दोनों एक ही बात महसूस कर रहे थे।

"कभी ज़िन्दगी का एक लम्हा सदियों पर भारी पड़ जाता है।"

"अम्मी को इतना दुख किस बात की सज़ा के तौर पर मिला?" थोड़ी देर ख़ामोशी रही।

"और बुआ को बाले मियाँ से क्यों जुदा कर दिया?"

"क्योंकि उसकी अपनी बाँझ दुनिया में ख़्वाब नहीं होते।"

"इसलिए वह दूसरों का ख़ून करता है? क्यों?"

"एहसासे-कमतरी[1] से पीछा छुड़ाने के लिए वह चीख़-चीख़ कर कहता है मेरा मुल्क अज़ीम[2] है। मेरा मज़हब सब से अर्फ़ा[3] है। मेरा शहर...मेरा घर...मेरी दुनिया ज़्यादा बुलन्द है, ज़्यादा मुक़द्दस[4] है। मेरा शऊर[5], मेरा यक़ीन, मेरा तरीक़ा-ए-फ़िक्र[6] सही है।

"मगर ज़बरदस्ती।"

"हाँ ज़बरदस्ती। वह जो ख़याल और अमल[7] की आज़ादी को हर इनसान का हक़ समझते हैं, डेमोक्रेसी का ढंढोरा पीटते हैं, तलवार के ज़ारे से डेमोक्रेसी हलक़ में ठूँसने लगते हैं। कभी ख़ुदा का हुक्म कह कर कभी किसी उसूल या जज़्बे की आड़ लेकर और कभी रस्मो-रिवाज के बहाने और कुछ न मिले तो भूत-प्रेत के सर इल्ज़ाम थोप देते हैं।"

सुबह जब मैं उसे एयरपोर्ट पर बिदा करने गई तो हवाई जहाज़ में दाख़िल होने से पहले वह बड़ी देर तक मुझ से ख़ामोश लिपटी खड़ी रही, जैसे वह कोई पैग़ाम मेरे जिस्म में छोड़ जाना चाहती है।

---

1. हीन भावना,
2. महान,
3. उच्चतम,
4. पवित्र,
5. विवेक,
6. सोचने का ढंग,
7. कर्म।

"बस एक दुआ है।" उसने अनाउंसर की आवाज़ पर मुड़ते हुए कहा।

"क्या?" मुसाफ़िरों की क़तार[1] हवाई जहाज़ की तरफ़ रवाना हो चुकी थी।

"कि हमें भी कोई ऐसी लगन से चाहे जैसे अब्बू ने अम्मी को चाहा और..." उसने तकल्लुफ़[2] से आँखें नीचे गिरा दीं।

"और–?" मैंने उसे आख़िरी फाटक की सीढ़ियों पर रोककर पूछा। यह चली गई तो मैं यह अधूरी बात की ख़लिश[3] लिए रह जाऊँगी।

"जैसे मच्छू मामूँ ने मुहब्बत निबाही।"

"मच्छू चचा मियाँ? मुस्तक़ीम चचा, वह टेढ़े-मेढ़े मुस्तक़ीम! ज़माने भर के रंडीबाज़, ख़ुदाई ख़्वार, शराबी, लुच्चे, जो ख़ानदान की महकती हुई, बुलन्द पेशानी[4] पर घिनावना फोड़ा थे। जिन्हें किसी ख़ानदानी लड़की ने अपना मैला आँचल तक न छूने दिया। उन्होंने क़ुदसिया ख़ाला को चाहा–ऐसे कि आज क़ुदसिया की बेटी उन जैसे महबूब का अरमान दिल में बसाए हुए है।

"मगर वह जानते थे कि अब्बू के सिवा अम्मी किसी और को गिनती में नहीं लातीं। अब्बू बेचारे तो फुसफुसे थे।" वह ज़ोर से हँसी, "सारी स्कीम मच्छू मामूँ की थी।"

वह चली गई। एकदम सख़्त तन्हाई का एहसास चारों तरफ़ से घेरने लगा।

---

1. पंक्ति,
2. औपचारिकता,
3. उलझन,
4. माथा।

"मच्छू चचा!" मैंने दिल ही दिल में कहा। "सुना तुमने? इस वक़्त तुम्हारी क़ब्र में जुगनू जगमगा रहे होंगे।"

इनसान एक दूसरे को पहचानने का गुर कब सीखेंगे?

जहाज़ एक बदमिज़ाज देव की तरह लरज़ा और आसमान की बुलन्दियों की तरफ़ उड़ गया।

"जाओ रफ़ीआ हसन, तुम बेधड़क जहाँ चाहो जा सकती हो। ज़िन्दगी की क़द्रों[1] को नापने-तोलने के लिए तुम्हारा फ़ीता है, अपने बाट हैं—अपनी तराज़ू है। तुम्हारी ज़िन्दगी में कोई डंडी न मार सकेगा—तुम्हारे ख़्वाब कभी चकनाचूर न होंगे!"

●●●

---

1. मूल्यों।